Peter Neysters
Werkbuch Seniorenarbeit

Peter Neysters

Werkbuch Seniorenarbeit

Texte, Ideen und Gottesdienste

Alle Rechte vorbehalten – Printed in Germany
© Verlag Herder Freiburg im Breisgau 2005
www.herder.de

Umschlaggestaltung: Finken & Bumiller
Titelbild: © mauritius images

Herstellung: fgb · freiburger graphische betriebe
www.fgb.de

Gedruckt auf umweltfreundlichem,
chlorfrei gebleichtem Papier
ISBN 3-451-28581-9

INHALT

7   VORWORT

   KAPITEL 1
9   »... blüht jede Lebensstufe«
   Alt werden – jung bleiben (Stufen des Lebens)

   KAPITEL 2
25   »Die Welt liegt zwischen den Menschen«
   Die Alten und die Jungen (Generationen)

   KAPITEL 3
39   »Als die Welt noch jung war ...«
   Früher und Heute (Lebensgeschichte)

   KAPITEL 4
55   »Der Gesunde hat viele Wünsche, der Kranke nur einen ...«
   Gesundheit und Krankheit (Lebensperspektiven)

   KAPITEL 5
69   »Die schwersten Wege werden allein gegangen ...«
   Einsamkeit und Gemeinsamkeit (Lebensform)

   KAPITEL 6
85   »... an diesen winzigen Anstiftungen zum Glück«
   Glück und Leid (Lebenseinstellung)

KAPITEL 7
101 »... bleibt nur der Weg nach oben«
Glaube und Unglaube (Lebens-/Glaubenshaltung)

KAPITEL 8
115 »... täglich mit dem Leben rechnen«
Leben und Tod (Lebensende)

133 BAUSTEINE FÜR SENIORENGOTTESDIENSTE

135 *»Im Winter wächst das Brot«*
Vom Glück und Leid im Leben

141 *»Gott bestimmt die Zeit«*
Die Zeit des Lebens und die Zeit des Sterbens

146 *»Eure Jungen werden Visionen haben
und eure Alten werden Träume haben«*
Vom Umgang zwischen Jung und Alt

150 *»Ich möchte glauben, komm mir doch entgegen«*
Im Konflikt Glauben und Unglauben

155 QUELLENVERZEICHNIS

VORWORT

Das Alter und mit ihnen die Alten sind zum »Thema« geworden. Überall wird über den »demografischen Faktor« gesprochen. Gemeint ist damit: Die Alten werden immer mehr und immer älter; die Jungen werden immer weniger und immer stärker belastet. Mit Sorge wird die Zukunft der Jungen in den Blick genommen. Und die der Alten?

Wer heute mit 56, 62 oder 65 in das so genannte Alter eintritt, hat meist noch (fast) ein Drittel seines Lebens vor sich – und damit etliche gute Jahre, die es zu nutzen gilt. Und immer mehr ältere und auch alte Menschen nehmen diese Chance wahr und lassen es sich gut gehen. Sie erfüllen sich (endlich) ihre Träume, reisen viel, pflegen ihre Hobbys, kümmern sich um ihre Familie oder engagieren sich im sozialen Umfeld.

Leben im Alter verlangt jedoch weitaus mehr als früher Veränderung, Neu- und Umorientierung. Jeder Wandel schließt Abschied von bisher Gewohntem, Vertrautem, Liebgewonnenem ein; jeder Wandel fordert aber auch dazu heraus, das noch Ausstehende, bisher Nicht-Erreichte mutig anzugehen. Neue Lebensziele erschließen auch neue Lebensmöglichkeiten!

Allein sind diese Herausforderungen kaum zu bewältigen. Es braucht die Begegnung, es braucht das Gespräch unter »Gleichaltrigen« und »Gleichgesinnten«. Das vorliegende *Werkbuch Seniorenarbeit* will dazu mit Gedanken, Texten, Alters- und Volksweisheiten, Gesprächsvorschlägen und Gottesdiensten Ideen und Anregungen anbieten. In der »Werkstatt vor Ort« können je nach Bedarf die einzelnen Themen und Inhalte ausgewählt und um eigene Ideen und Initiativen ergänzt und bereichert werden.

Peter Neysters

KAPITEL 1
»... blüht jede Lebensstufe«
Alt werden – jung bleiben (Stufen des Lebens)

»Ich habe immer geglaubt,
mit achtzig wäre man alt,
aber jetzt bin ich anderer Ansicht.
Es gibt Zeiten, in denen ich mich
wie ein Junge fühle.
Solange man imstande ist,
zu bewundern und zu lieben,
solange ist man jung.
Und es gibt so viel zu bewundern und zu lieben.«

Pablo Casals (1876–1973), spanischer Cellist, Dirigent und Komponist

Alt werden und jung bleiben – dies ist sehnlichster Wunsch vieler Frauen und Männer. Wer will nicht gerne alt werden – aber altern oder gar alt sein? Es ist schon paradox: Die Menschen werden immer älter, und wollen doch ewig jung bleiben!

Den Preis der Jugendlichkeit lassen wir uns etwas kosten, mitunter kommt er uns ganz schön teuer zu stehen. Wenn Salben und Tinkturen, wenn Fitnesscamps und Wellnesskuren nicht mehr weiterhelfen, bleibt als letzte Rettung immer noch das Chirurgenmesser. Ob man sich in seiner gelifteten Haut dann wohler fühlt? Eine noch so glatte Oberfläche wird die inneren Falten und Risse nur begrenzt übertünchen können.

Alt werden und jung bleiben – dieser Trend erfasst mittlerweile die gesamte Gesellschaft. Immer mehr Menschen altern und mit ihnen ergraut ein ganzes Volk. Die Jungen erleben sich zusehends in der Minderheit. Doch trotz ihrer sich abzeichnenden Vorrangstellung glauben die Älteren, sich verjüngen zu müssen. Allen Anwendungen und Aufwendungen zum Trotz – das Alter lässt sich nicht aufhalten, auch nicht durch einen noch so verzweifelten Kampf gegen die Natur. *Dass* wir älter werden, darauf können wir nicht Einfluss nehmen. *Wie* wir älter werden, das liegt schon in unserer Hand. Die Klage über den Verlust der Jugendlichkeit lässt uns den Gewinn an Altersweisheit(en) übersehen.

Alt werden und jung bleiben – zwischen tatsächlichem und »gefühltem« Alter liegen oft Jahre, ja Jahrzehnte. Man fühlt sich weitaus jünger als man wirklich ist. Solange ein solch »gutes Gefühl« den fortschreitenden Alterungsprozess nicht verdrängen will, kann es sogar Lust und Neugier wecken auf den noch unbekannten Lebensabschnitt mit seinem Reichtum an neuen Erfahrungen. Dann können die gewonnenen Jahre tatsächlich zum Gewinn werden. Und die stetig steigende Lebenserwartung wird dann im wahrsten Sinne

»... blüht jede Lebensstufe«

des Wortes noch einiges vom Leben erwarten lassen. Es geht um die »Alterskompetenz«, um ein positives Verständnis vom Altern und um ein neues Selbstbewusstsein der Alten.

Der uralte Traum der Menschheit von einem möglichst langen Leben scheint sich mehr und mehr zu erfüllen. Ob das Alter wirklich eine erfüllte Zeit wird – oder die Zeit nur ausgefüllt sein wird –, hat entscheidend mit dem Selbstwert der Alten zu tun. Das Leben hat seine Jahre bekommen. Es liegt an uns, dass diese Jahre auch Leben bekommen. Eine solche Einsicht und Zuversicht können »jung halten«!

Spiegelbild

Nimm
deinen Körper
zur Kenntnis

Du blickst
dich an
und fragst
wer bin ich

Du bist nicht
du wirst
älter
alt

Rose Ausländer (1901–1988),
deutsche Lyrikerin rumänischer Herkunft

GESCHICHTEN

> »Wie jede Blüte welkt und jede Jugend dem Alter weicht,
> blüht jede Lebensstufe.«
> *Hermann Hesse (1877–1962),*
> *deutscher Schriftsteller und Nobelpreisträger (1946)*

Diese Anfangszeilen eines Gedichtes von Hermann Hesse sind vielen älteren Menschen wohl vertraut. Von den blühenden Stufen des Lebens, von den verschiedenen Lebensphasen mit ihren reichhaltigen Erfahrungen – der Schönheit der Jugend, der Reife der mittleren Jahre, der Fülle an Erlebtem im Alter – lässt die chinesische Legende einen altersweisen Mann berichten. In der Begegnung mit drei Frauen der jeweiligen Altersgruppen werden die Vorzüge des entsprechenden Alters beschrieben. Die Stufen führen nicht abwärts, sondern aufwärts. Im Alter erlangt der Mensch seine Weisheit und Würde – »ähnlich den Zeichen des Himmels«.

Erst noch auf dem Weg zu dieser Einsicht ist die »alte Dame« in der gleichnamigen Anekdote, einer Geschichte »mitten aus dem Leben«. Ein belangloser Satz trifft sie ins Mark, bleibt »kleben wie Kaugummi«, drängt sie zur Reflexion über das Altwerden und Jungbleiben. Bleibt der Trost: »Sie ist eine ›nette alte Dame‹!«

Von oben, vom Dach seines Hauses, schaut Theodor Storm (zurück) auf sein Leben und auf die Welt und träumt zugleich in seiner »Zukunftsstube« die nächsten Jahre herbei. »So schön erscheint noch heute im 63. Jahr trotz alledem mir Welt und Leben«, schreibt er an seinen Dichterfreund Theodor Fontane.

»... blüht jede Lebensstufe«

Stufen des Lebens

Von einem alten Chinesen wird erzählt, dass er auf seinem Weg ein junges, hübsches Mädchen traf. Er blieb stehen, schaute es wohlgefällig an, verbeugte sich vor ihm und fragte: »Wie alt bist du, mein schönes Kind?« Das Mädchen errötete vor Vergnügen und sagte, sich ebenfalls tief verbeugend: »Ich bin siebzehn Jahre, Vater.« »Du bist schön, und du wirst viel Freude im Leben haben. Aber sei nicht traurig, dass die Jahre schnell vergehen und mit ihnen deine Jugendschönheit. Wenn du aus der Güte lebst, wirst du im Alter schön sein in der Reife und Würde der weißen Haare.« Das Mädchen verbeugte sich noch tiefer vor dem Alten, und jeder ging seines Weges.

Ein anderes Mal traf der Alte eine schöne Frau, die ein Kind an der Hand führte. Er begrüßte sie und sagte: »Es ist ein schöner Tag heute, so schön wie dein freundliches Antlitz. Du stehst auf dem Gipfel deiner körperlichen Reife. Sicherlich hast du die Dreißig gerade überschritten. Es sind nur noch so viele oder wenige Jahre, und du wirst das Ziel deiner Wanderung erreicht haben. Lebe jeden Tag bewusst und dankbar und mit dem Willen, über dich selbst hinauszuwachsen zur vollen Reife und Beglückung des Alters. Dann werden deine Kinder und Kindeskinder und die Nachbarn in Ehrfurcht zu dir aufblicken und deinen Worten lauschen.«

Dann begegnete der weise, alte Mann einer weißhaarigen Frau, die auf einer Bank saß und in die untergehende Sonne schaute. Der alte Mann blieb stehen und verbeugte sich vor der Greisin, so tief er konnte. »Ich beglückwünsche euch. Ihr seid am Ende eures Weges und habt das Ziel erreicht. Ihr tragt die Fülle des in achtzig Jahren Erlebten in euch. Von euch strahlt Ruhe, Gelassenheit, Güte, Duldsamkeit, Weisheit und Würde aus. Weil ihr über euch hinausgewachsen seid, sind jetzt eure geringen Handlungen und eure wenigen Worte ähnlich den Zeichen des Himmels.« Er setzte sich zu ihr auf die Bank und schaute mit ihr in die untergehende Sonne. *Chinesische Legende*

Ich bin eine ›alte Dame‹

Es war eigentlich nur ein bangloser Satz, der an mein Ohr drang. Aber er blieb kleben wie Kaugummi: »Ach ja, die alte Dame da habe ich gar nicht gesehen.« Ein dreizehnjähriger Junge hatte ihn gesagt, als ich in der überfüllten Straßenbahn stand. Ich bin nun dreiundfünfzig, das mag für einen Dreizehnjährigen ein geradezu biblisches Alter sein. Aber für mich, die ich mir einbilde, meistens etwas jünger auszusehen, war das schon ein harter Brocken.

Ist man nun eine ›alte Dame‹, obgleich man doch noch von weit jüngeren Frauen in vielen Dingen Anerkennung findet? Misstrauen steigt auf: Sagen sie vielleicht auch hinter deinem Rücken: ›die alte Dame‹? Kritischer Blick in den Spiegel. Hm, der Rolli oder ein Tüchelchen vertuschen galant den nicht mehr faltenfreien Hals. Das Haar: die ersten grauen Strähnchen gab es eigentlich schon vor einigen Jahren. Erste Altersflecken auf dem Handrücken, bisher kaum beachtet, jetzt auf einmal wie große, unschöne Sommersprossen wirkend.

Aber ist das eigentlich schlimm? Immerhin hat der Junge nicht »die Olle« gesagt! Wozu soll man nicht zeigen, dass man sich langsam, aber sicher den Sechzigern nähert? Warum soll man den Kalender betrügen? Ersehnt man sich nicht manchmal im Geheimen etwas mehr Ruhe, Beschaulichkeit, ein Besinnendürfen auf sich selbst? Soll man nicht intensiver die Annehmlichkeiten des Lebens, die es in dieser Phase bietet, genießen?

Eine alte Dame? So sagte der Junge, ja, so sah er mich. Nein, man ist es noch nicht, aber einmal wird man es sein. In nicht allzu ferner Zeit.

Vielleicht wird man eine nette alte Dame sein. Eine, von der man sagt: Die sieht viel jünger aus. Oder: Bei ihr vergisst man die Jahre! Oder: Man denkt überhaupt nicht über das Alter nach, weil man spürt, sie hat ein ausgefülltes Leben, ist reich an Wissen und Erfahrung, am Vermögen, auch die kleinen Freuden genießen zu können,

»... blüht jede Lebensstufe«

im Vermögen, dass man mit plötzlich entdeckten kleinen Talenten anderen helfen, andere vielleicht wieder jünger machen kann.

Und immer noch jung genug, um über eigene Dummheiten zu lachen und die anderen zu verstehen. Immerhin, ich habe einen Sitzplatz in der Straßenbahn bekommen, weil ich eine ›alte Dame‹ bin. Inzwischen lacht der Junge sogar mit mir und meint zu seiner Mutter: »Sie ist eine ›nette alte Dame‹!«

Agnes Nagelschmitz (*1924), deutsche Schriftstellerin

Trotz alledem

Gestern in der einsamen Mittagsstunde ging ich nach meinem Grundstücke und konnte mich nicht enthalten, in meinem Bau herumzuklettern; auf langer Leiter nach oben, wo nur noch die etwas dünnen Verschalungsbretter lose zwischen den Balken liegen und wo die Luft frei durch die Fensterhöhlen zieht. Ich blieb lange in meiner Zukunftsstube und webte mir Zukunftsträume, indem ich in das sonnige, weithin unter mir ausgebreitete Land hinausschaute. Wie köstlich ist es zu leben! Wie schmerzlich, dass die Kräfte rückwärts gehen und ans baldige Ende mahnen. Einmal dachte ich, wenn nun die Bretter brächen oder die Sicherheit deiner Hände oder Augen einen Augenblick versagte, und man fände den Bauherrn unten liegen als stillen Mann. Ich ging recht behutsam nur von einem festen Balken auf den anderen; und draußen flimmerte die Welt im mittagsstillen Sonnenschein. Sehen Sie, so schön erscheint noch heute im 63. Jahre trotz alledem mir Welt und Leben.

Theodor Storm (1817–1888), deutscher Dichter
[Brief an Theodor Fontane, Husum, 23. März 1853]

ALTERSWEISHEITEN

»Nimm gütig den Ratschlag der Jahre an,
indem du großzügig preisgibst die Dinge der Jugend.«
Inschrift in der alten St. Paulskirche in Baltimore aus dem Jahre 1692

»Um als Alter seiner Aufgabe gerecht zu werden, muss man mit dem Alter und allem, was es mit sich bringt, einverstanden sein, man muss »Ja« dazu sagen. Ohne dieses »Ja«, ohne die Hingabe an das, was die Natur von uns fordert, geht uns der Wert und der Sinn unserer Tage verloren.«
Hermann Hesse (1877–1962), deutscher Schriftsteller und Nobelpreisträger (1946)

»Mit 15 Jahren bemühte ich mich um das Studium der Weisheit; mit 30 gewann ich Sicherheit darin; mit 40 hatte ich keine Zweifel mehr; mit 60 konnte mich nichts auf der Welt mehr erschüttern; mit 70 vermochte ich den Wünschen meines Herzen zu folgen, ohne gegen das Sittengesetz zu verstoßen.«
Konfuzius (551–479 v.Chr.), chinesischer Philosoph

»Alter, du bist der Feind des Menschengeschlechts,
du verwüstest alle Schönheit der Formen,
du verwandelst die Pracht der Glieder in Schwerfälligkeit,
die Schnelligkeit in Langsamkeit.
Ein langes Leben ist eine mühselige Angelegenheit,
o schweres Alter!
Du bringst den Sterblichen nichts Gutes,
sondern nur Schmerzen und Übel.
Und dennoch möchten wir dich alle erreichen
und bemühen uns, es zu schaffen.«
Menander (342–290 v.Chr.), griechischer Dichter

»... blüht jede Lebensstufe«

»Eines Tages, ich war schon alt, kam in der Halle eines öffentlichen Gebäudes ein Mann auf mich zu. Er stellte sich vor und sagte: ›Ich kenne Sie seit jeher. Alle sagen, Sie seien schön gewesen, als Sie jung waren, ich bin gekommen, Ihnen zu sagen, dass ich Sie heute schöner finde als in Ihrer Jugend, ich mochte Ihr junges Gesicht weniger als das von heute, das verwüstete.‹«

Marguerite Duras (1914–1996), französische Schriftstellerin

»Das Alter ist für mich kein Kerker, sondern ein Balkon, von dem man zugleich weiter und genauer sieht.«

Marie Luise Kaschnitz (1901–1974), deutsche Schriftstellerin

»Ist es schön älter zu werden? In dieser Frage neige ich nicht zu Heuchelei oder Altmänner-Euphorie: Das Alter ist bestimmt nicht schöner als die Zeit, als man noch jünger war. Man sollte es nicht verherrlichen, aber auch nicht aufzuhalten versuchen. Alter und Tod gehören zum Leben dazu, man muss sich damit auseinander setzen und beidem gelassen entgegensehen.«

*Mario Adorf (*1930), deutscher Schauspieler*

»Die Tragödie des Alters besteht nicht darin, dass man alt geworden ist, sondern dass man jung bleiben will.«

Oscar Wilde (1854–1900), anglo-irischer Schriftsteller

»Wie alt man geworden ist, sieht man an den Gesichtern derer, die man jung gekannt hat.«

Heinrich Böll (1917–1985), deutscher Schriftsteller und Nobelpreisträger (1972)

»Wer sich bemüht, Jugend und Alter zu vermischen, wird wohl körperlich altern, aber nie geistig.«

Marcus Tullius Cicero (106–43 v.Chr.),
römischer Staatsmann, Redner und Philosoph

VOLKSWEISHEITEN

Je älter die Geige, desto schöner der Klang.
> Keltisch

Wer in der Jugend Bäume pflanzt, kann sich im Alter in deren Schatten setzen.
> aus Afrika

Unter den Menschen sind die alten die besten, unter den Kleidern die neuen.
> aus China

Wer das Alter wegwirft, wird das Neue nicht lange behalten.
> aus Korea

Alt werden möchten alle, aber niemand will alt genannt werden.
> aus Irland

Hat der Abend auch keine Sonne, so hat er doch Sterne. Der Abend des Lebens bringt seine eigene Lampe mit.
> aus Persien

Wenn du sehr alt werden willst, musst du beizeiten anfangen.
> aus Spanien

Gebücktes Alter spricht gerade Sprachen.
> aus Afrika

»... blüht jede Lebensstufe«

SCHMUNZELGESCHICHTEN

Drei befreundete alte Männer saßen zusammen und sprachen von den Freuden der Jugend und der Last des Alters. »Ach«, stöhnte der eine: »Meine Glieder wollen nicht mehr, wie ich will. Was bin ich doch früher gelaufen, wie ein Windhund, und jetzt lassen mich meine Beine so im Stich, dass ich kaum mehr einen Fuß vor den anderen setzen kann.« »Du hast recht«, pflichtete ihm der zweite bei. »Ich habe das Gefühl, meine jugendlichen Kräfte sind versickert wie das Wasser in der Wüste. Die Zeiten haben sich geändert, und zwischen den Mühlsteinen der Zeit haben wir uns geändert.« Der dritte, ein Mullah, ein Laienprediger, kaum weniger klapprig als seine Gefährten, schüttelte den Kopf: »Ich verstehe euch nicht, liebe Freunde. Ich kenne das alles von mir nicht, worüber ihr klagt. Ich bin genauso kräftig wie vor vierzig Jahren.« Das wollten ihm die anderen nicht glauben. »Doch, doch«, eiferte sich der Mullah. »Den Beweis dafür habe ich erst gestern erbracht. Bei mir im Schlafgemach steht schon seit Menschengedenken ein schwerer eichener Schrank. Vor vierzig Jahren habe ich versucht, diesen Schrank zu heben, aber was glaubt ihr, Freunde, was geschah? Ich konnte den Schrank nicht heben. Gestern kam mir die Idee, ich solle einmal den Schrank anheben. Ich versuchte es mit allen Kräften, aber wieder schaffte ich es nicht. Damit ist doch eines klar bewiesen: Ich bin genauso kräftig wie vor vierzig Jahren.«

Persische Geschichte

Alt werden – jung bleiben

»Der einzige Mensch,
der sich vernünftig benimmt,
ist mein Schneider;
er nimmt jedes mal neu Maß,
wenn er mich trifft,
während alle anderen
immer die alten Maßstäbe anlegen;
in der Meinung,
sie passten heute noch auf mich.«
George Bernard Shaw (1856–1950),
irischer Schriftsteller und Nobelpreisträger (1925)

»Willst du wissen, wie man jung bleibt? Ich verrate dir das Geheimnis: Anständig leben. Langsam essen. Und nie dein wahres Alter verraten.«
Rat der hundertjährigen Lucille Ball

»Ich bin jetzt über 93 Jahre alt, also nicht gerade jung, jedenfalls nicht mehr so jung wie ich mit neunzig war.«
Pablo Casals (1876–1973), spanischer Cellist, Dirigent und Komponist

»Drei Dinge passieren jedem, der mein Alter erreicht. Zuerst schwindet das Gedächtnis. – Die beiden anderen habe ich vergessen.«
der 76-jährige Lord Healey

»Der Vorteil des Alters liegt darin, dass man die Dinge nicht mehr begehrt, die man sich aus Geldmangel früher nicht leisten konnte.«
Walter Matthau (1920–2000), amerikanischer Schauspieler

»... blüht jede Lebensstufe«

SEGEN / GEBET

»Je älter man wird, umso mehr wächst die Neigung zu danken, vor allem nach oben.«
> Martin Buber (1878–1965), israelischer Sozial- und Religionsphilosoph österreichischer Herkunft

Segensbitte

Du hundertjähriger Baum
voller Zweige und Sprosse,
als seist du erst halbwüchsig,
ich sehe dich gern.
Lehr mich das Geheimnis,
so zu altern,
offen fürs Leben,
für die Jugend,
für Träume,
wie einer, der weiß,
dass Jugend und Alter
nur Wegstrecken sind
zur Ewigkeit.
> Dom Helder Camara (1909–1999), brasilianischer Bischof

Alt werden – jung bleiben

Segen der Erde

Der Segen der Erde
sei für dich da!
Weich sei die Erde dir,
wenn du auf ihr ruhst,
müde am Ende eines Tages,
und leicht ruhe die Erde auf dir
am Ende deines Lebens,
dass du sie schnell abschütteln kannst –
und deine Seele leicht hervorkommen kann
auf und davon, auf ihrem Wege zu Gott.
irischer Segensspruch

Gebet einer Schnecke

Du weißt, Herr,
ich bin nicht eine der Schnellsten,
ich trage mein Haus,
habe Stummelfüße,
muss lange nachdenken über den Weg,
die Augen sehn bis zum nächsten Grashalm,
vielleicht bin ich
manchmal an dir vorbeigekrochen
und habe dich nicht erkannt –
vergib, Herr,
der du zählst die Schleimspuren im Schotter,
und lass, wenn auch spät,
die Lastenträger, die langsamen,
ankommen bei dir.
Rudolf Otto Wiemer (1905–1998), deutscher Schriftsteller und Pädagoge

»... blüht jede Lebensstufe«

IDEENBÖRSE

1. Alter – so oder so

❖ Es geht um Fremd- und Selbstwahrnehmung des Alters, um gesellschaftliche Vorurteile und persönliche Erfahrungen.

A ktiv	*oder so*	**A** bseits
L ust		**L** eid
T eilhabe		**T** od
E rfahrung		**E** insamkeit
R eisen		**R** esignation

❖ Das Plakat mit den »plakativen« Assoziationen hängt gut sichtbar im Raum. Alle können sich spontan äußern.
❖ In Kleingruppen werden die Aussagen kritisch überprüft. Was trifft zu? Was ist Klischee? Es können zusätzliche Assoziationen hinter den entsprechenden Buchstaben geschrieben werden.
❖ Die Ergebnisse der Gespräche werden vorgestellt und diskutiert.

2. »Jugendliche« Werbung für die Zielgruppe »Alte«

❖ Mit »jugendlicher Werbung« wird um die Kaufkraft der Alten gebuhlt. Das Leitungsteam hat Werbeprospekte, Anzeigen aus Illustrierten und Zeitungen, Plakate und Werbeslogans gesammelt und im Raum aufgehängt bzw. ausgelegt.
❖ Alle schauen sich die Werbematerialien genau an und suchen einige originelle Sprüche und Bilder aus.
❖ Im Rundgespräch werden die Slogans, Prospekte und Plakate, die ge- bzw. missfallen, vorgestellt und besprochen. Was steckt

hinter der Werbung? Welches Bild vom Alter wird deutlich – eventuell im Gegensatz zur Jugend? Was für Empfindungen lösen solche Vorstellungen aus?

3. Karikaturen

- ❖ Zum Thema »Alt werden – jung bleiben« – vor allem zum »Jugendwahn« unserer Zeit – gibt es zahlreiche Karikaturen in Zeitungen und Zeitschriften. Das Leitungsteam hat eine Auswahl vorgenommen und die Karikaturen »vergrößert« fotokopiert. Sie können auf einer Wäscheleine quer durch den Raum gehängt oder auf Tischen ausgelegt werden.
- ❖ Die Karikaturen werden genau angeschaut und spontan kommentiert.
- ❖ Anschließend werden sie nach Treffsicherheit und Originalität – einer Rangordnung entsprechend – auf der Wäscheleine nacheinander aufgehängt oder auf dem Tisch ausgebreitet. Eine interessante Diskussion ergibt sich dabei buchstäblich im »Vorbeigehen«.

»... blüht jede Lebensstufe«

KAPITEL 2
»Die Welt liegt zwischen den Menschen«
Die Alten und die Jungen

Vermächtnis

Wir kommen weit her
liebes Kind
und müssen weit gehen
keine Angst
alle sind bei Dir
die vor Dir waren
Deine Mutter, Dein Vater
und alle, die vor ihnen waren
weit, weit zurück
alle sind bei Dir
keine Angst
wir kommen weit her
und müssen weit gehen
liebes Kind

Dein Großvater
8. Mai 1985

Heinrich Böll (1917–1985), deutscher Schriftsteller und Literaturnobelpreisträger (1972), an seinen Enkel Samay, einige Wochen vor seinem Tod

Die *Alten* und die *Jungen* – vom Ende des Generationenvertrages, ja vom heraufziehenden Krieg der Generationen ist allerorten die Rede. Mühelos lassen sich angeblich unzählige Belege für einen »grassierenden Altersrassismus« (Frank Schirrmacher) finden – von der Mode über die Werbung bis hinein in den Arbeitsmarkt und das tägliche Leben.

Dabei galt zu allen Zeiten das Verhältnis der Alten und der Jungen als problematisch und konfliktträchtig. Schon in ganz früher Zeit, als die Menschen sammelnd und jagend von der Hand in den Mund lebten, war es schier unmöglich, die Alten dauerhaft mit zu ernähren. Dann drückte, wie aus solchen Zeiten überliefert, der alte Vater nachts sein Herz von innen an die Zeltwand, und der Sohn durchbohrte es von außen mit dem Speer. Das war damals der Generationenvertrag: Die Jungen bewahrten die Alten vor dem Verhungern, die Alten ermöglichten den Jungen das (nackte) Überleben.

Diese bedauernswerten Zustände gab es noch vereinzelt bis in die vorindustrielle Zeit. In Anton Tschechows Furcht erregender Erzählung »Die Bauern« heißt es: »Den Alten sagte man ins Gesicht, sie hätten lang genug gelebt, es sei Zeit zu sterben. Sie fanden nichts dabei.« So unmissverständlich wird heute niemand über die Alt(en)lasten klagen. Aber unterschwellig sind doch vorwurfsvolle Zwischentöne zu vernehmen, wie rücksichtslos die Alten – auf Kosten der Jungen – sich einen sorgenfreien und geruhsamen Lebensabend verschaffen. Die Alten sind uns lieb, aber sie werden uns allmählich immer teurer – eine solche Botschaft verfehlt ihre Wirkung nicht.

Die *Alten* und die *Jungen*: Fragt man *ganz allgemein* nach ihrem gegenwärtigen Verhältnis, dann findet sich quer durch alle Altersgruppen eine durchweg negative Einschätzung. Ein völlig anderes Bild ergibt sich bei Fragen nach den ganz *persönlichen* Erfahrungen: Sie werden über alle Generationengrenzen hinweg als gut und vertrauensvoll bezeichnet. Die familiäre Verbundenheit von Alt und Jung ist so stabil wie kaum eine andere soziale Beziehung. Sie zu erhalten und weiter zu festigen – auch über räumliche Distanzen –, wird als wichtigste Vorsorgemaßnahme für das Alter, sozusagen als Alterssicherung, angesehen. Im unmittelbaren Umfeld scheint der Generationenpakt noch intakt: Familienbande sind stark; Blut ist halt dickflüssiger als Wasser.

Die *Alten* und die *Jungen*: Wie die Jungen den Alten hilfreich zur Seite stehen, so stehen die Alten den Jungen bei – die materiellen und immateriellen Transferleistungen der älteren an die jüngere Generation sind immens. Allein das Lebenswissen der Alten erweitert das oft allzu detailbesessene Fach- und Sachwissen der Jungen und eröffnet ganz neue Horizonte. Wie das Leben gelingen kann, wer könnte kompetenter darüber Auskunft geben als die ältere Generation? Der (wieder entdeckte) Wert von Lebenserfahrung mit seinem Handlungs- und Orientierungswissen kann zu einem neuen, selbstbewussten Leitbild von Alter und Altern führen. »Die Weisheit der Alten« – ihre Umsicht, ihre Rück-sicht, ihre Weitsicht – ist gerade in Zeiten radikaler Umwälzungen gefragter denn je. Es gibt keine Zukunft ohne das Wissen unserer Herkunft.

Es ist wichtig,
im Alter stets genau darauf hinzuhören,
was die Jungen reden,
und wann sie darüber reden,
und wie sie das alles meinen.
Denn es ist nichts schlimmer,
als in Isolation zu geraten
ohne den Versuch,
seine Zeit zu verstehen.

Gerhard Freiherr von Swieten (1778)

GESCHICHTEN

> »Die Welt liegt zwischen den Menschen, und dieses Zwischen ist heute der Gegenstand großer Sorge.«
> Hannah Arendt (1906–1975),
> amerikanische Schriftstellerin und Politologin deutscher Herkunft

Es geht um das Zwischen-menschliche in diesen drei kleinen Geschichten. Der alte Mann wird aus dem Kreis der Familie verbannt, aus der Essgemeinschaft ausgeschlossen, hinter den Ofen in die Ecke strafversetzt. Der Enkel holt ihn an den Tisch zurück, indem er seinen Eltern den Spiegel vorhält – das Tröglein vorsetzt –, sie gleichsam in die Lage des Großvaters versetzt und sie ihrer Hartherzigkeit beschämt. Der Junge vermittelt zwischen den beiden Generationen.

In der zweiten Geschichte bricht der zwischenmenschliche Konflikt zwischen Mutter und Tochter im Schlaf geradezu eruptiv auf: Der Traum wird zum Trauma! Mord- und Todesfantasien werden buchstäblich wach. Als der Hahn kräht – Symbol der Verrates –, werden die Frauen aus all ihren Alb-Träumen gerissen. Sanftmut deckt alles mit dem Mantel vorgespielter Liebe wieder zu. Es bleibt alles beim Alten.

In der dritten Geschichte ist das uralte Telefon das Medium zwischen Großmutter und Enkelsohn. Trotz Verständnisschwierigkeiten verstehen sie sich. Buchstäblich bis zur letzten Minute sprechen sie miteinander – und über den Tod hinaus bleiben sie im Gespräch, jetzt sogar störungsfrei.

»Die Welt liegt zwischen den Menschen ...«, mitunter sind es sogar Welten.

Der alte Großvater

Es war einmal ein steinalter Mann, dem waren die Augen trüb geworden, die Ohren taub, und die Knie zitterten ihm. Wenn er nun bei Tische saß und den Löffel kaum halten konnte, schüttete er Suppe auf das Tischtuch, und es floss ihm auch etwas wieder aus dem Mund.

Sein Sohn und dessen Frau ekelten sich davor, und deswegen musste sich der alte Großvater endlich hinter den Ofen in die Ecke setzen, und sie gaben ihm sein Essen in ein irdenes Schüsselchen und noch dazu nicht einmal satt; da sah er betrübt nach dem Tisch, und die Augen wurden ihm nass. Einmal auch konnten seine zitterigen Hände das Schüsselchen nicht festhalten, es fiel zur Erde und zerbrach. Die junge Frau schalt, er sagte aber nichts und seufzte nur.

Da kaufte sie ihm ein hölzernes Schüsselchen für ein paar Heller, daraus musste er nun essen.

Wie sie da so sitzen, da trägt der kleine Enkel von vier Jahren auf der Erde kleine Brettlein zusammen.

»Was machst du da?«, fragte der Vater.

»Ich mache ein Tröglein«, antwortete das Kind, »daraus sollen Vater und Mutter essen, wenn ich groß bin.«

Da sahen sich Mann und Frau eine Weile an, fingen endlich an zu weinen, holten also fort den alten Großvater an den Tisch und ließen ihn von nun an immer mitessen, sagten auch nichts, wenn er ein wenig verschüttete.

Brüder Grimm

Die Schlafwandler

In meiner Heimatstadt lebte eine Frau mit ihrer Tochter. Beide wandelten im Schlaf. Eines Nachts, als alle Welt schlief, trafen sich Mutter und Tochter schlafwandelnd in ihrem nebelverhangenen Garten. Und die Mutter sprach und sagte: »Endlich habe ich dich, Feindin! Du warst es, die meine Jugend zerstörte, und auf den Ruinen meines Lebens bist du groß geworden. Ich möchte dich töten!« Und die Tochter erwiderte und sagte: »Verhasstes Weib, selbstsüchtige Alte. Immer noch stehst du meiner Freiheit im Weg. Mein Leben soll wohl immer nur ein Echo deines Lebens sein. Ach, wärest du doch tot!«

In diesem Augenblick krähte der Hahn, und beide Frauen erwachten. Voller Sanftmut fragte die Mutter: »Bist du es, mein Herz?«, und die Tochter antwortete sanftmütig: »Ja, liebe Mutter.«

Kahlil Gibran (1883–1931), amerikanischer Dichter und
Maler libanesischer Herkunft

»Und als ich auflegte, ist sie gestorben ...«

Meine Oma hatte ein uraltes grünes Telefon. Wenn ich mit ihr sprach, knirschte es alle paar Sekunden – ich verstand sie schlecht, sie mich auch kaum, sie war schwerhörig. Ich war der letzte Mensch, der mit ihr gesprochen hat, durch dieses Telefon. Ich war sieben, und als ich auflegte, ist sie gestorben. Mein Vater fand sie mit dem Hörer in der Hand. Sie hatte nie aufgelegt.

Ich war traurig, aber nicht so sehr, denn ich wusste ja, wo ich sie erreichen konnte. Sie hatte bloß das Netz gewechselt. Das, auf dem wir jetzt sprechen, ist störungsfrei.

Alexander Wutzler, deutscher Journalist

ALTERSWEISHEITEN

»In der Jugend bald die Vorzüge des Alters gewahr zu werden,
im Alter die Vorzüge der Jugend zu erhalten,
beides ist nur ein Glück.«
Johann Wolfgang von Goethe (1749–1832), deutscher Dichter und Dramatiker

»Bei Vierzig beginnt das Altsein der Jungen,
bei Fünfzig beginnt das Jungsein der Alten.«
Victor Hugo (1802–1885), französischer Dichter und Romanautor

»Jung ist, wer in Erwartungen –
alt ist, wer in Erinnerungen träumt.«
Johann Nepomuk Nestroy (1801–1862), österreichischer Dichter und Schauspieler

»Der Jugend wird der Vorwurf gemacht,
sie glaube immer, dass die Welt mit ihr erst anfange.
Aber das Alter glaubt noch öfter,
dass mit ihm die Welt aufhöre.«
Friedrich Hebbel (1813–1863), deutscher Dichter und Dramatiker

»Vom Standpunkt der Jugend aus gesehen
ist das Leben eine unendlich lange Zukunft;
vom Standpunkt des Alters aus,
eine sehr kurze Vergangenheit.«
Arthur Schopenhauer (1788–1860), deutscher Philosoph

»Vielleicht muss man sehr alt sein,
bevor man lernt, sich über die Jungen zu amüsieren,
statt empört zu sein.«
Pearl S. Buck (1892–1973), amerikanische Schriftstellerin

Die Alten und die Jungen

VOLKSWEISHEITEN

Junge Leute glauben,
dass die Alten Narren sind.
Alte Leute wissen,
dass die Jungen Narren sind.
aus Korea

Wenn ihr Jungen keinen alten Menschen im Hause habt,
so leiht euch einen.
aus Griechenland

Verehre deine Großmutter.
Ohne sie hättest du keine Mutter.
aus Südafrika

Wenn der Löwe alt wird,
verspotten ihn die Hunde.
aus Äthiopien

Großeltern sind Eltern,
die vom lieben Gott eine zweite Chance bekommen.
aus Holland

Was ein Alter im Sitzen sieht,
kann ein Junger nicht einmal im Stehen erblicken.
aus Nigeria

Wenn der Junge wüsste und der Alte könnte,
gäbe es nichts, was nicht vollbracht würde.
aus Italien

»Die Welt liegt zwischen den Menschen«

SCHMUNZELGESCHICHTEN

Weltlauf

Ein Mann, erst zwanzig Jahre alt,
beurteilt Greise ziemlich kalt
und hält sie für verkalkte Deppen,
die zwecklos sich durchs Dasein schleppen.

Der Mensch, der junge, wird nicht jünger:
Nun, was wuchs denn auf seinem Dünger?
Auch er sieht, dass trotz Sturm und Drang,
was er erstrebt, zumeist misslang,
dass auf der Welt als Mensch und Christ
zu leben, nicht ganz einfach ist,
hingegen leicht, an Herrn mit Titeln
und Würden schnöd herumzukritteln.

Der Mensch, nunmehr bedeutend älter,
beurteilt jetzt die Jugend kälter,
vergessend frühres Sich-Erdreisten:
»Die Rotzer sollen erst was leisten!«
Die neue Jugend wiederum hält ...
genug – das ist der Lauf der Welt!
   Eugen Roth (1895–1976), deutscher Schriftsteller

Da läutet das Telefon.
Ich stürze aus meinem Zimmer –
renne über die Stiege –
krache ins Wohnzimmer –
reiße den Hörer von der Gabel –
keuche dir entgegen: Ja?
Oh, hallo Oma!
Heinz J. Zechner (*1955), österreichischer Schriftsteller

»Was man in diesem Alter für ein gutes Leben braucht?
Gut geratene Söhne, genügend Aprikosen, ein paar Ziegen und eine gute Ausbildung.«
105-jähriger Mann aus Pakistan

»Wer will schon 90 werden?
Jeder 89-Jährige.«
Winston Churchill (1874–1965), britischer Politiker und Schriftsteller

»Wer dumm ist und nichts gelernt hat,
faselt mit 70 noch geradeso wie mit 17.«
Theodor Fontane (1819–1898), deutscher Dichter und Romanautor

Bei einer Talkshow wurde eine ältere Dame um eine Kurzbiografie gebeten. Sie antwortete schlagfertig: »In Kürze werde ich siebzig. Früher hatte ich ein glattes Gesicht und trug einen plissierten Rock. Heute ist es genau umgekehrt.«

»Das größte Übel der heutigen Jugend besteht darin, dass man nicht mehr dazu gehört.«
Salvator Dali (1904–1989), spanischer Maler, Bildhauer und Grafiker

»Die Welt liegt zwischen den Menschen«

SEGEN / GEBET

»Gott verlangt nichts vom Menschen,
ohne ihm zugleich die Kraft dafür zu geben.«
    Edith Stein (1891–1942), deutsche Philosophin, Ordensfrau und Heilige

Selig, die Verständnis zeigen
für meinen stolpernden Fuß
und meine lahmende Hand.
Selig, die begreifen,
dass mein Ohr sich anstrengen muss,
um aufzunehmen,
was man zur mir spricht.
Selig, die mit freundlichem Lachen verweilen,
um ein wenig mit mir zu plaudern.
Selig, die niemals sagen:
»Das haben Sie mir heute schon zweimal erzählt.«
Selig, die verstehen,
Erinnerungen an frühere Zeiten
in mir wachzurufen.
Selig, die mich erfahren lassen,
dass ich geliebt, geachtet
und nicht allein gelassen bin.
Selig, die mir in ihrer Güte die Tage,
die mir noch bleiben, erleichtern.
    aus Afrika

Die Alten und die Jungen

IDEENBÖRSE

1. *Rote Karte*

Alle haben jeweils ein dreiteiliges Kartenset:

- grüne Karte: stimme völlig zu
- rote Karte: lehne entschieden ab
- gelbe Karte: bin eher unentschieden

Die Gesprächsleitung hat Aussagen, Auffassungen, Eigenschaften wie auch Klischees und Vorurteile über die Alten und die Jungen aufgeschrieben. Sie werden unsortiert und kommentarlos vorgelesen und jeweils einzeln durch die entsprechende Karte bewertet. Widersprüchliche Bewertungen reizen zur sofortigen Diskussion.

2. *Generationsprofil*

- Aus Styropor werden zwei große Profile ausgeschnitten und an der Wand befestigt: Die Alten – die Jungen. Alle können auf bereitliegenden Karten mit Filzstiften entsprechende Charaktereigenschaften von Jungen und Alten schreiben und an das betreffende Profil anheften (lassen).
- Im anschließenden Rundgespräch werden die einzelnen Aussagen von den »Schreibern« kurz erklärt bzw. begründet und allgemein zur Diskussion gestellt. Was trifft wirklich zu – was ist eher klischeehaft und damit unzutreffend?
Anmerkung: Vielleicht kann zu dieser Gesprächsrunde eine Jugendgruppe aus der Gemeinde oder ein Religionskurs aus der Schule eingeladen werden.

»Die Welt liegt zwischen den Menschen«

3. Mehr als Worte sagt ein Bild

Auf dem Tisch liegen völlig ungeordnet Porträtfotos von Alten und Jungen in verschiedenen Lebenssituationen aus. Alle können jeweils ein Foto (Jung *und* Alt) aussuchen, das sie besonders anspricht und zugleich die Lebenssituation der beiden Generationen zutreffend darstellt. Vielleicht lassen sich spontan zu den Fotos kleine Geschichten erzählen.

KAPITEL 3
»Als die Welt noch jung war ...«
Früher und Heute

Erleuchtung

Der Meister befürwortet beides:
Gelehrsamkeit und Weisheit.
»Gelehrsamkeit«, sagte er auf eine Frage,
»erwirbt man durch Bücherlesen
oder indem man Vorlesungen besucht.«
»Und Weisheit?«
»Indem du das Buch liest, das du selbst bist.«
Er fügte noch hinzu:
»Das ist durchaus keine einfache Aufgabe,
denn stündlich kommt eine Neuauflage
des Buches heraus!«

> Anthony de Mello (1931–1987),
> indischer Theologe (Jesuit), Psychologe und Schriftsteller

Früher, als die Welt noch jung war und das Alter selten vorkam, waren die wenigen Alten die Weisen, gab es damals den Rat der Ältesten, das Presbyterium.

Heute, da eine ganze Gesellschaft altert und das Alter zum Normalfall geworden ist, sind die Alten auch »nichts Besseres« mehr als die Jungen, wohl anfälliger und gebrechlicher. So entstand mit der Zeit das Bild vom Alter als Last – nicht nur als Last des Alters für die Alten selbst, mehr noch als Last der Alten für die Jungen.

Mit anderen Worten: Wie eine Gesellschaft das Alter schätzt und wie die Alten selbst ihre Situation einschätzen, ist zunächst eine Folge tradierter Erzählungen von einer Generation zur anderen. Was man vom Alter zu sagen und zu erzählen weiß, das wiederum geht zurück auf unmittelbare Erfahrungen und Erlebnisse mit den Alten. Das alltägliche Leben schreibt Geschichten. Und Geschichten machen Geschichte ... So erzählen die Alten gerne Geschichten aus ihrem Leben und lassen die Jungen auf diese Weise an ihrer Lebensgeschichte teilhaben.

Früher, als die heutigen Alten noch jung waren, da schien die Welt noch in Ordnung. Da war alles anders als heute, angeblich meist besser. Der Rückblick auf vergangene Zeiten verklärt den Blick; der Ausblick auf zukünftige Zeiten verdüstert mitunter die Aussicht. Die aktuelle Situation scheint eine solche Sichtweise auf den ersten Blick zu bestätigen: Die ältere Generation hat eine Epoche beispiellosen Wachstums erlebt mit stabilen Berufsbiografien, mit gesicherter Altersversorgung, mit umfassender Gesundheitsfürsorge. Alles wurde mehr: mehr Geld, mehr Wohnraum, mehr Freizeit, mehr Reisen, mehr Bildungsmöglichkeiten. Die jüngere Generation erlebt gegenwärtig eine Zeit des Umbruchs, vor allem eine Zeit der Kürzungen und des Abbaus. Ihre Zukunft ist voller Unsicherheit und Ungewissheit. Was kommt da noch alles auf uns zu – in nächster und übernächster Zeit?

»Als die Welt noch jung war ...«

Zur Geschichte der Menschheit wie zur ganz persönlichen Lebensgeschichte eines jeden Menschen gehören das *Früher* und das *Heute* (und das *Morgen*). Sie machen das Ganze des Lebens aus, andernfalls zerfällt es in eine geschichtslose Unverbindlichkeit, ohne jede Bindung. Die Großmutter, die ihrer Enkelin Geschichten und Märchen aus früheren Zeiten erzählt; der Großvater, der mit seinem Enkel die Heimatstadt durchstreift und Episoden aus seinem Leben in Erinnerung ruft – sie stellen Verbindungen her und festigen zugleich menschliche Bindungen. Wie viele Kinder und Jugendliche haben auf diese lebendige Weise Auskünfte über das Leben – früher und heute – erhalten.

Großeltern haben vieles mitzuteilen. Sie verkörpern im wahrsten Sinne des Wortes Familiengeschichte und Familientradition. Und die Generation der Enkel fühlt sich eingebunden in diese Familie mit ihrer Vielfalt an Geschichten und Traditionen. Was Alt und Jung verbindet, ist das *Früher* und das *Heute* – und darauf folgend das *Morgen*. »Wir kommen weit her und müssen weit gehen« (Heinrich Böll).

Ich hab die zweite Hälfte
meines Lebens damit zugebracht,
die Steine zu zerbrechen,
die Mauern zu durchbohren,
die Türen zu zertrümmern,
die Barrieren fortzuräumen,
die ich in der ersten Hälfte
meines Lebens zwischen mich
und das Licht gestellt habe.

Octavio Paz (*1914), mexikanischer Schriftsteller

Früher und heute

GESCHICHTEN

> »Ich habe den Eindruck, das Leben ist wie ein gutes Buch. Je weiter man darin eindringt, desto mehr gibt es seinen Sinn zu erkennen.«
>
> *Rabbi Harold Kushner*

»Kinder – wie die Zeit vergeht.« Ein geflügeltes Wort! Immer ist die Zeit zu kurz: im Urlaub verfliegt sie wie im Nu, bei Fest und Feier vergeht sie wie im Fluge, vor einer Prüfung eilt sie davon. Wie oft fragen wir uns am Abend, am Ende einer Woche, beim Jahreswechsel, wo denn nur die Zeit geblieben ist. So geht es uns – vor allem den Älteren – auch mit der Lebenszeit. »Welch eine kurze Zeit!«, ruft der Mensch im Grimmschen Märchen – und mit ihm viele Menschen bis in unsere Zeit. Und sie wünschen sich noch ein wenig Zeit. »O Herr, verlängere meine Zeit«, so verhandelt der Mensch mit Gott. Ob die gewonnene Zeit wirklich Lebensgewinn ist?

Der Weise im alten China schaut in das unablässig strömende Wasser eines Flusses und meditiert sein Leben. »Das Wasser lehrt uns, wie wir leben sollen« – gütig und freigiebig, mutig und weise, ausdauernd und zielbewusst. Der »Lebensfluss« ist eine alte Metapher: Das Leben fließt, leider oft genug so dahin. Aber wer sich die Zeit nimmt, auf das Wasser zu schauen – in Ruhe und Gelassenheit –, der wird seine Lehre für das (richtige) Leben ziehen.

»Als die Welt noch jung war ...«

Die Lebenszeit

Als Gott die Welt geschaffen hatte und allen Kreaturen ihre Lebenszeit bestimmen wollten, kam der Esel und fragte:«Herr, wie lange soll ich leben!« »Dreißig Jahre«, antwortete Gott, »ist dir das recht?« »Ach Herr«, erwiderte der Esel, »das ist eine lange Zeit. Bedenke mein mühseliges Dasein: vom Morgen bis in die Nacht schwere Lasten tragen, Kornsäcke in die Mühle schleppen, damit andere das Brot essen, mit nichts als mit Schlägen und Fußtritten ermuntert und aufgefrischt zu werden! Erlass mir einen Teil der langen Zeit.« Da erbarmte sich Gott und schenkte ihm achtzehn Jahre. Der Esel ging getröstet weg, und der Hund erschien. »Wie lange willst du leben!«, sprach Gott zu ihm. »Dem Esel sind dreißig Jahre zu viel, du aber wirst damit zufrieden sein.« »Herr«, antwortete der Hund, »ist das dein Wille? Bedenke, was ich laufen muss, das halten meine Füße so lange nicht aus; und habe ich erst die Stimme zum Bellen verloren und die Zähne zum Beißen, was bleibt mir übrig, als aus einer Ecke in die andere zu laufen und zu knurren!«

Gott sah, dass er recht hatte, und erließ ihm zwölf Jahre.

Darauf kam der Affe. »Du willst wohl gerne dreißig Jahre leben!«, sprach der Herr zu ihm. »Du brauchst nicht zu arbeiten, wie der Esel und der Hund, und bist immer guter Dinge.« »Ach Herr«, antwortete er, »das sieht so aus, ist aber anders. Wenn's Hirsenbrei regnet, habe ich keinen Löffel. Ich soll immer lustige Streiche machen, Gesichter schneiden, damit die Leute lachen, und wenn sie mir einen Apfel reichen und ich beiße hinein, so ist er sauer. Wie oft steckt die Traurigkeit hinter dem Spaß! Dreißig Jahre halte ich das nicht aus.« Gott war gnädig und schenkte ihm zehn Jahre.

Endlich erschien der Mensch, war freudig, gesund und frisch und bat Gott, ihm seine Zeit zu bestimmen. »Dreißig Jahre sollst du leben«, sprach der Herr, »ist dir das genug!« »Welch eine kurze Zeit!«, rief der Mensch. »Wenn ich mein Haus gebaut habe und das Feuer auf meinem eigenen Herde brennt; wenn ich Bäume gepflanzt habe, die blühen und Früchte tragen, und ich meines Lebens froh zu werden gedenke, so soll ich sterben! O Herr, verlängere meine Zeit.« »Ich will dir die achtzehn Jahre des Esels zulegen«, sagte Gott. »Das ist nicht genug«, erwiderte der Mensch. »Du sollst auch die zwölf Jahre des Hundes haben.« »Immer noch zu wenig.« »Wohlan«, sagte Gott, »ich will dir noch die zehn Jahre des Affen geben, aber mehr erhältst du nicht.« Der Mensch ging fort, war aber nicht zufrieden gestellt.

Also lebt der Mensch siebzig Jahr. Die ersten dreißig sind seine menschlichen Jahre, die gehen schnell dahin; da ist er gesund, heiter, arbeitet mit Lust und freut sich seines Daseins. Hierauf folgen die achtzehn Jahre des Esels, da wird ihm eine Last nach der andern aufgelegt: er muss das Korn tragen, das andere nährt, und Schläge und Tritte sind der Lohn seiner treuen Dienste. Dann kommen die zwölf Jahre des Hundes, da liegt er in den Ecken, knurrt und hat keine Zähne mehr zum Beißen. Und wenn diese Zeit vorüber ist, so machen die zehn Jahre des Affen den Beschluss. Da ist der Mensch schwachköpfig und närrisch, treibt alberne Dinge und wird ein Spott der Kinder.

Brüder Grimm

Das Wasser lehrt uns, wie wir leben sollen

Einen Weisen im alten China fragten seine Schüler: »Du stehst nun schon lange vor diesem Fluss und schaust ins Wasser. Was siehst du denn da?«

Der Weise gab keine Antwort. Er wandte den Blick nicht ab von dem unablässig strömenden Wasser.

Endlich sprach er: »Das Wasser lehrt uns, wie wir leben sollen. Wohin es fließt, bringt es Leben und teilt sich aus an alle, die seiner bedürfen. Es ist gütig und freigiebig. Die Unebenheiten des Geländes versucht es auszugleichen. Es ist gerecht.

Ohne zu zögern in seinem Lauf, stürzt es sich über Steilwände in die Tiefe. Es ist mutig.

Seine Oberfläche ist glatt und ebenmäßig, aber es kann verborgene Tiefen bilden. Es ist weise.

Felsen, die ihm im Lauf entgegenstehen, umfließt es. Es ist verträglich.

Aber seine Kraft ist Tag und Nacht am Werk, das Hindernis zu beseitigen. Es ist ausdauernd.

Wie viele Windungen es auch auf sich nehmen muss, niemals verliert es die Richtung zu seinem ewigen Ziel, dem Meer, aus dem Auge. Es ist zielbewusst. Und sooft es auch verunreinigt wird, bemüht es sich doch unablässig, wieder rein zu werden. Es hat die Kraft, sich immer zu erneuern.«

»Das alles«, sagte der Weise, »ist es, warum ich auf das Wasser schaue. Es lehrt mich das richtige Leben.«

Johannes Thiele

ALTERSWEISHEITEN

»Jeder Mensch gedenke immer seiner Kindheit. Das ist möglich. Denn er hat ein Gedächtnis. Die Kindheit ist das stille, reine Licht, das aus der eigenen Vergangenheit tröstlich in die Gegenwart und Zukunft hinüberleuchtet. Sich der Kindheit wahrhaft erinnern, das heißt: plötzlich und ohne langes Überlegen wieder wissen, was echt und falsch, was gut und böse ist. Die meisten vergessen ihre Kindheit wie einen Schirm und lassen sie irgendwo in der Vergangenheit stehen. Und doch können nicht vierzig, nicht fünfzig spätere Jahre des Lernens und Erfahrens den seelischen Feingehalt des ersten Jahrzehnts aufwiegen. Die Kindheit ist unser Leuchtturm.«
Erich Kästner (1899–1974), deutscher Schriftsteller

»Unser Leben ist wie ein Buch,
das sich von allein schreibt.«
Julien Green (1900–1998), französischer Schriftsteller

»Die Lebensgeschichte eines jeden Menschen ist ein Märchen,
das von Gottes Hand geschrieben wurde.«
Hans Christian Andersen (1805–1875), dänischer Märchenerzähler

»Frag nicht: Wieso kommt es, dass frühere Zeiten besser waren als die unseren?
Denn deine Frage zeugt nicht von Weisheit.«
Kohelet 7,10

»Wer am Alten hängt,
der wird nicht alt.«
Günter Kunert (*1929), deutscher Lyriker und Schriftsteller

»Als die Welt noch jung war ...«

»Der ist der glücklichste Mensch,
der das Ende seines Lebens
mit dem Anfang in Verbindung setzen kann.«
   Johann Wolfgang von Goethe (1749–1832), deutscher Dichter und Dramatiker

»Die Heimat bleibt in uns,
solange wir leben.«
   Lew Kopelew (1912–1997), russischer Schriftsteller und Germanist

»Woran man sich erinnert,
das kann nicht mehr verloren gehen.«
   *Siegfried Lenz (*1926), deutscher Schriftsteller*

»Wer nicht Wurzeln hat, wächst in keine Zukunft.
Wer eigene Wurzeln nie entwickelt,
entfaltet sich nicht zum Neuen, zum Baum.«
   *Kurt Marti (*1921), schweizerischer Schriftsteller und evangelischer Theologe*

»Man muss weggehen können
und fest stehen wie ein Baum.«
   *Hilde Domin (*1912), deutsche Lyrikerin*

Früher und heute

VOLKSWEISHEITEN

Jedes Mal, wenn ein alter Mensch stirbt,
ist es, als brenne eine ganze Bibliothek ab.
aus Senegal

Erinnerungen sind dazu da, dass wir Rosen im Winter haben.
aus Israel

Wer seine Vergangenheit vergisst, weiß nicht, wohin er geht.
aus Mali

Klug ist jeder, der eine vorher, der andere nachher.
aus Russland

Der Mensch erreicht das neue Ufer nicht,
wenn er nicht den Mut aufbringt,
das alte zu verlassen.
aus Malawi

Wer in der Jugend Bäume pflanzt,
kann sich im Alter in deren Schatten setzen.
aus Tansania

Als ich zwanzig war und Leben mir schwer,
da dachte ich, es wird leichter werden.
Mit dem Alter kommt auch Weisheit her.
Und nun? Nun bin ich schon siebzig Jahr,
und Leben ist schwer, wie es mit zwanzig war.
aus dem Orient

»Als die Welt noch jung war ...«

SCHMUNZELGESCHICHTEN

Zum amerikanischen Schriftsteller Mark Twain (1835–1910) kam einmal ein Siebzehnjähriger und erklärte: »Ich verstehe mich mit meinem Vater nicht mehr. Jeden Tag Streit. Er ist so rückständig, erzählt nur von früher, hat keinen Sinn für moderne Ideen. Was soll ich machen? Ich laufe aus dem Haus.«

Mark Twain antwortete: »Junger Freund, ich kann Sie gut verstehen. Als ich 17 Jahre alt war, war mein Vater genauso ungebildet. Es war kein Aushalten. Aber haben Sie Geduld mit so alten Leuten. Sie entwickeln sich langsamer. Nach 10 Jahren, als ich 27 war, da hatte er so viel dazugelernt, dass man sich schon ganz vernünftig mit ihm unterhalten konnte. Und was soll ich Ihnen sagen? Heute, wo ich 37 bin – ob Sie es glauben oder nicht – wenn ich keinen Rat weiß, dann frage ich meinen alten Vater. So können die Alten sich ändern!«

»Wenn die Menschen früher traurig waren,
haben sie gebetet oder eine Revolution gemacht.
Heute gehen sie los und kaufen sich was.«
Erich Fried (1921–1988), österreichischer Lyriker, Prosa- und Hörspielautor

»Auch die gute alte Zeit
war einmal eine schlechte neue Zeit.«
Martin Held (1908–1992), deutscher Schauspieler

»Ein Mensch nimmt guten Glaubens an,
er hab das Äußerste getan.
Doch leider Gottes versäumt er nun,
auch noch das Innerste zu tun.«
Eugen Roth (1895–1976), deutscher Schriftsteller

Früher und heute

SEGEN / GEBET

»Ich ziehe deshalb den Herbst dem Frühjahr vor,
weil das Auge im Herbst den Himmel,
im Frühjahr aber die Erde sucht.«
   Sören Kierkegaard (1813–1855), dänischer Philosoph, Schriftsteller und Theologe

Herr,
Stunde um Stunde fällt zu dir zurück.
Was ich erworben habe,
kann ich nicht behalten.
Was ich mein nenne,
bekam ich geliehen auf unbekannte Frist.
Gib mir die Weisheit, vieles zu lassen,
um alles zu gewinnen.
   altes keltisches Gebet

Augenblick

Mein sind die Jahre nicht,
die mir die Zeit genommen;
mein sind die Jahre nicht,
die etwa möchten kommen;
der Augenblick ist mein,
und nehm ich den in Acht,
so ist der mein,
der Jahr und Ewigkeit gemacht.
   Andreas Gryphius (1616–1664), deutscher Dichter und Dramatiker

»Als die Welt noch jung war ...«

Lass uns nicht fallen
wie die Blätter im Herbst
nicht versinken ins Nichts
ins Vergessen
lass uns nicht untergehn
denn du bist der Herr
Hebe die Hand
unseretwegen hebe die
Schwerkraft auf
halte uns hoch
halte uns über Wasser
denn du bist der Herr
Doch wenn du es willst
dann lass uns fallen
wie den Regen aufs Land
dann lass uns fallen
in deine Hand
denn du bist der Herr

Lothar Zenetti (*1926), deutscher Schriftsteller und katholischer Pfarrer

Früher und heute

IDEENBÖRSE

1. Vier-Eck-Methode

❖ In den vier Ecken des Raumes versammeln sich jeweils:
  a. die Ältesten in der Geschwisterreihe
  b. die Jüngsten
  c. die Mittleren
  d. die Geschwisterlosen
❖ Die Gruppen tauschen ihre Erlebnisse und Erfahrungen mit der jeweiligen Geschwisterposition aus. Welche Vor- und Nachteile hatten sie damals in ihrer Familie? Wie war das Verhältnis zu den Geschwistern? Wie erlebten sich die »Geschwisterlosen«? Welche maßgeblichen Prägungen beeinflussten Haltungen und Verhaltensweisen bis auf den heutigen Tag?
❖ Die einzelnen Gruppen berichten über die Ergebnisse ihrer Gespräche. Abschließend kann der Blick von Früher auf das Heute gelenkt werden: Wie sieht es heute in den Familien aus? Wie ist das Verhältnis der Kinder untereinander und zu den Eltern und Großeltern? Was hat sich alles verändert?

2. Früher – Heute: ein Vergleich

❖ Zwei große Plakatwände mit der Überschrift FRÜHER bzw. HEUTE hängen gut sichtbar im Raum. Das Leitungsteam bittet zunächst um Zurufe, was FRÜHER so alles war und schreibt kommentarlos die Erinnerungen auf. Gleiches geschieht dann zum Thema HEUTE.
❖ Das Leitungsteam liest alle Äußerungen laut vor. Erst dann kommt es zu einer Wertung mit entsprechender Kennzeichnung:

»Als die Welt noch jung war ...«

- * Was war / ist positiv? (+)
- * Was war / ist negativ? (-)
- * Was war / ist möglicherweise »sowohl als auch«? (o)
- ❖ Abschließend kommt es zu einem Meinungs- und Erfahrungsaustausch über die These: »Die Alten hatten es früher schwerer, aber in vielem doch leichter; die Jungen haben es heute leichter, aber in vielem doch schwerer.«

3. Knotenpunkte meiner Lebensgeschichte

- ❖ Alle bekommen ein dickes Stück Kordel in die Hand, das ihren bisherigen Lebensweg darstellen soll. Überall da, wo in der Erinnerung ein wichtiges Ereignis – ein Knotenpunkt – im Leben stattgefunden hat, wird ein Knoten in die Kordel gemacht. So reihen sich Höhe-, Tief- und Wendepunkte aneinander, wie z.B. Einschulung, erste große Liebe, Heirat, Geburt von Kindern oder auch Unfall, Fehlgeburt, Scheidung, Tod des Partners/der Partnerin. Bei leiser Musik haben alle Zeit, in Ruhe über ihr Leben nachzudenken.
- ❖ Über einen allgemeinen Gedanken- und Meinungsaustausch entscheiden Atmosphäre und Vertrautheit in der Gruppe. Ansonsten kann eventuell im Paar- bzw. Kleingruppengespräch ein intensiver Erfahrungstausch vorab stattfinden.

4. Erzählstunde: Geschichten, die das Leben schrieb

(Ältere) Menschen erzählen gerne Geschichten aus ihrer Lebensgeschichte. Je älter sie sind, desto weiter gehen die Erinnerungen zurück – oft bis in die frühe Kindheit. In der Erzählstunde können alle alles erzählen: heitere Anekdoten, traurige Geschichten, wahre und eher märchenhafte Begebenheiten, biografische Ereignisse usw. – Geschichten also, die das Leben schrieb. Alte Fotos, Karten, Zeitungsausschnitte können die Erzählungen illustrieren.

»Als die Welt noch jung war ...«

KAPITEL 4
»Der Gesunde hat viele Wünsche, der Kranke nur einen ...«
Gesundheit und Krankheit

Sorgen

Der zu leben sich entschließt
Muss wissen
Warum er gestern zur Nachtzeit erwachte
Wohin er heute durch die Straßen geht
Wozu er morgen in seinem Zimmer
Die Wände mit weißem Kalk anstreicht
War da ein Schrei?
Ist da ein Ziel?
Wird da Sicherheit sein?

*Günter Kunert (*1929),*
deutscher Lyriker und Roman- und Hörspielautor

»Das Wichtigste ist doch die Gesundheit«, sagt das Geburtstagskind bei seiner Geburtstagsfeier. Und alle Gratulanten wünschen ihm Glück und gute Gesundheit. Ob Jung oder Alt – Gesundsein oder (wieder) Gesundwerden stehen ganz oben auf der Wunschliste. Gesundheit ist ein hohes Gut! Wer wünscht sich nicht unbeschwerte Lebensfreude – bis ins hohe Alter.

Die Vorstellung macht Angst: Krank zu sein, hinfällig, bettlägerig. Hilflos um jede Kleinigkeit bitten zu müssen. Bedürftig den Pflegenden ausgeliefert zu sein; zu erfahren, wie brüchig und anfällig das Leben ist. Krankheit versetzt Menschen in neue, völlig ungewohnte Situationen. Oft genug ohne jede Vorwarnung, mitunter von heute auf morgen, von einer Minute auf die andere: ein Unfall, ein Schlaganfall ... und schon wird der Gesunde zum Krankheitsfall. Herausgerissen aus der gewohnten Umgebung. Abgeschnitten vom täglichen Umgang mit vertrauten Menschen. Unfähig, seiner alltäglichen Arbeit nachzugehen.

Da fällt es schwer, die Krankheit anzunehmen und mit ihr zu leben, über Wochen, Monate, Jahre, vielleicht ein ganzes Leben lang. Fragen drängen sich auf, lassen sich nicht verdrängen, bedrängen uns: Warum gerade ich? Wie geht es weiter – mit mir, mit meiner Familie, mit meinem, unserem Leben? Wo finde ich Halt, was gibt mir Halt? Nicht auf alle Fragen gibt es (sogleich) schlüssige Antworten.

Aber Krankheit kann zu neuen Erkenntnissen führen, zu tieferen Einsichten, zu lebens-not-wendiger Umkehr. Spätestens jetzt wird uns dämmern, dass es um das Heil an »Leib und Seele« gehen muss, wenn wir gesunden wollen. Eine »heilsame Lehre«! Wäre es da nicht am gesündesten, den Wunsch nach Gesundheit ein wenig tiefer zu hängen und den Kult um Gesundheit – gesunde Ernährung, gesundes Wohnen, gesunde Betätigung in gesunder Luft – zu relativieren? Gegen alle »Heilsbotschaften« von Wellness und Fitness?

»Der Gesunde hat viele Wünsche, der Kranke nur einen ...«

Leichtgläubigkeit oder Gutgläubigkeit helfen in schweren Stunden kaum weiter. Ebenso wenig die Verabsolutierung von Gesundheit als das (Aller-)Wichtigste im Leben. Über Risiken und Nebenwirkungen einer solchen bedrohlichen Glücks- und Segensbotschaft müssen wir nur bei (Schwer-)Kranken nachfragen.

Gesundheit ist nie Selbstzweck. Sie ist und bleibt immer nur ein Mittel – allerdings ein wichtiges – zum Gelingen menschlichen Lebens. Erst in seiner Krankheit kommt so mancher zu einer »gesunden« Einstellung zum Leben. Vielleicht hilft letztlich allein der Glaube an das Wesentliche und Bleibende in unserem Leben weiter – über alle Krankheit und selbst über den Tod hinaus. Dann wird die »Hauptsache Gesundheit« zwar nicht zur Nebensache, aber auch nicht zur allein selig machenden »Heilsbotschaft«.

»Du magst denjenigen vergessen,
mit dem du gelacht,
aber nie denjenigen,
mit dem du geweint hast.«
Kahlil Gibran (1883–1931),
amerikanischer Dichter und Maler libanesischer Herkunft

GESCHICHTEN

> Der Gesunde hat viele Wünsche, der Kranke nur einen.
> aus Indien

Es gibt viele Geschichten und Erzählungen, Märchen und Legenden um Krankheit und Leid, Gesundung und Heil. Solche Heilungs- und Erlösungsgeschichten gab es zu allen Zeiten, bei allen Völkern, in allen Religionen. Die afrikanische Geschichte berichtet von der wunderbaren Heilung zweier Blinder und ihren unterschiedlichen Reaktionen: der eine will nach vorübergehender Trübung seines Augenlichtes wieder und noch besser sehen, der andere begnügt sich mit dem, was und wie er sieht. Ersterem widerfährt Unheil, letzterem bleibt (bescheidenes) Heil erhalten.

Vergleichbares geschieht in der mittelalterlichen Legende: Ein Mensch beklagt sich bei Gott über die Schwere seines Kreuzes. Bei der Suche nach einem »leichteren« Kreuz findet er nichts Passendes. Jedes Kreuz hat »sein Kreuz«. Als er endlich das ihm zusagende Kreuz findet, entdeckt er das als sein eigenes. »Jeder hat sein Kreuz zu tragen«, sagt der Volksmund.

In der humorvollen Erzählung von Johannes, einem alten, bescheidenen Mann, geht es um die »Wirkkraft« des Gebetes. Nicht viele Worte, ein einziger kleiner Satz genügt, um in Gelassenheit die eigene schwere Krankheit zu ertragen und das Leid anderer mitzutragen.

»Der Gesunde hat viele Wünsche, der Kranke nur einen ...«

Zwei Blinde

Es lebten einmal zwei Blinde, Demba und Fode, im gleichen Dorf. Jeden Freitag, wenn nötig auch häufiger, verließen sie ihre Hütten, Stöcke in den Händen und Lederbeutel auf dem Rücken, um in den umliegenden Krals zu betteln. Die Leute waren meist sehr freigiebig, denn die beiden Blinden sagten nie ein böses Wort, selbst dann nicht, wenn sie ohne Gabe davongejagt wurden.

Eines Tages stolperte Demba über etwas, das am Boden lag. Er bückte sich und hob es auf. Es war eine kleine Pfeife, die wohl ein Kind verloren hatte. Aber es war keine gewöhnliche Pfeife, mit der man Musik machen konnte, sondern eine Wunderpfeife, die der große Geist der Sippe für sie hier auf den Weg gelegt hatte. Demba führte die Pfeife zum Mund und begann zu spielen. Und als er ihr die ersten Töne entlockte, fiel es wie Schuppen von seinen Augen. Er konnte wieder sehen!

»Gott ist groß!«, rief er. »Er hat mir das Augenlicht zurückgegeben.« Und er reichte die Wunderpfeife seinem Kollegen weiter. Auch er begann wieder zu sehen, als er zu spielen anfing.

Dann kehrten die blinden Männer in ihr Dorf zurück. Die Leute waren außer sich vor Freude und feierten ein großes Fest; sie feierten so lange, bis Fode die Augen weh taten. Er war das Licht nicht gewohnt.

Da griff er zur Pfeife, weil er hoffte, so seine wunden Augen wieder heil zu machen. Aber es kam anders. Als er die Pfeife wieder spielte, wurde er schlagartig wieder blind. Er ließ sich aber nichts anmerken, sondern sagte seinem Kollegen: »Spiel doch nochmals die Pfeife, damit auch du mich besser siehst!« Dieser aber lehnte ab: »Ich bin zufrieden mit dem, was ich sehe. Danke! Es macht mir nichts aus, nicht ganz so gut zu sehen wie jene, die nie blind waren.«

Geschichte aus Guinea (Afrika)

Jeder hat sein Kreuz zu tragen

Eine Legende aus dem Mittelalter berichtet, wie Gott einmal Erbarmen hatte mit einem Menschen, der sich über sein zu schweres Kreuz beklagte. Er führte ihn in einen Raum, wo alle Kreuze der Menschen aufgestellt waren, und sagte zu ihm: »Wähle!« Der Mensch machte sich auf die Suche. Da sah er ein ganz dünnes, aber dafür war es länger und größer. Er sah ein ganz kleines, aber als er es aufheben wollte, war es schwer wie Blei. Dann sah er eins, das gefiel ihm, und er legte es auf seine Schultern. Doch da merkte er, wie das Kreuz gerade an der Stelle, wo es auf der Schulter auflag, eine scharfe Spitze hatte, die ihm wie ein Dorn ins Fleisch drang. So hatte jedes Kreuz etwas Unangenehmes. Und als er alle Kreuze durchgesehen hatte, hatte er immer noch nichts Passendes gefunden. Dann entdeckte er eins, das hatte er übersehen, so versteckt stand es. Das war nicht zu schwer, nicht zu leicht, so richtig handlich, wie geschaffen für ihn. Dieses Kreuz wollte er in Zukunft tragen. Aber als er näher hinschaute, da merkte er, dass es sein Kreuz war, das er bisher getragen hatte.

nach einer alten Legende

»Der Gesunde hat viele Wünsche, der Kranke nur einen ...«

Zwölf Uhr mittags

Dem Pfarrer einer Stadt im Ruhrgebiet fiel ein alter, bescheiden wirkender Mann auf, der jeden Mittag die Kirche betrat und sie kurz darauf wieder verließ. So wollte er eines Tages von dem Alten wissen, was er denn in der Kirche tue. Der antwortete: »Ich gehe hinein, um zu beten.« Als der Pfarrer verwundert meinte, er verweile nie lange genug in der Kirche, um wirklich beten zu können, erwiderte der Besucher: »Ich kann kein langes Gebet sprechen, aber ich komme jeden Tag um zwölf und sage: ›*Jesus, hier ist Johannes*‹. Dann warte ich eine Minute, und er hört mich.«

Einige Zeit später musste Johannes ins Krankenhaus. Ärzte und Schwestern stellten bald fest, dass er auf die anderen Patienten einen heilsamen Einfluss hatte. Die Trostbedürftigen fühlten sich getröstet, und die Traurigen konnten auch mal lachen. »Johannes«, bemerkte die Stationsschwester irgendwann zu ihm, »die Männer sagen, du hast diese Veränderung bewirkt. Trotz deiner schweren Erkrankung bist du immer gelassen, fast heiter.« »Schwester«, meinte Johannes, »dafür kann ich nichts. Das kommt durch meinen Besucher.«

Doch niemand hatte bei ihm je Besuch gesehen. Er hatte keine Verwandten und auch keine engeren Freunde. »Dein Besucher«, fragte die Schwester, »wann kommt der denn?« »Jeden Mittag um zwölf. Er tritt ein, steht am Fußende meines Bettes und sagt: ›*Johannes, hier ist Jesus*‹.«

nach einer alten Erzählung

Gesundheit und Krankheit

ALTERSWEISHEITEN

»Das Leben ist nicht eine Gesundheit, sondern ein Gesund werden.«
   Martin Luther (1483–1546), deutscher Reformator

»Gesundheit ist nicht alles,
aber ohne Gesundheit ist alles nichts.«
   Artur Schopenhauer (1788–1860), deutscher Philosoph

»Die Natur duldet keine unheilbare Gesundheit.«
   Thomas Bernhard (1931–1989), österreichischer Schriftsteller und Dramatiker

»Es gibt immer Leute, die meinen, das Gras auf der anderen Seite sei grüner.«
   Alexander Solschenizyn (*1918),
   russischer Schriftsteller und Nobelpreisträger (1970)

»Gelobet sei die Krankheit,
denn die Kranken sind ihrer Seele näher als die Gesunden.«
   Marcel Proust (1871–1922), französischer Schriftsteller

»Wer stark, gesund und jung bleiben und seine Lebenszeit verlängern will, der sei mäßig in allem, atme reine Luft, treibe täglich Hautpflege und Körperübung, halte den Kopf kalt, die Füße warm und heile das kleine Weh eher durch Fasten als durch Arzneien.
   Hippokrates (460–370 v.Chr.), griechischer Arzt,
   auf den der so genannte »Hippokratische Eid« zurückgeht

»Mancher Kranke stirbt an Herzversagen –
seiner Mitmenschen.«
   Hermann Kesten (1900–1996), deutscher Schriftsteller

»Der Gesunde hat viele Wünsche, der Kranke nur einen ...«

VOLKSWEISHEITEN

Das Altern ist unheilbar.
   aus Nigeria

Der Weise braucht nicht krank gewesen zu sein,
um den Wert der Gesundheit zu kennen.
   aus Arabien

Den Kranken kuriert die Arbeit, den Reichen der Doktor.
   aus Polen

Du weißt nicht, wie schwer die Last ist,
die du nicht trägst.
   aus Malawi

Die Freude am guten Essen tötet mehr Leute als der Degen.
   aus Frankreich

Es ist besser, sein Kreuz zu tragen als zu schleppen.
   aus der Bretagne

Schildkröten können mehr über den Weg erzählen als Hasen.
   aus Asien

Gesundheit und Krankheit

SCHMUNZELGESCHICHTEN

Man bat einen Rabbi um eine Geschichte. »Eine Geschichte«, sagte er, »soll man so erzählen, dass sie selber Hilfe sei.« Und er erzählte. »Mein Großvater war lahm. Einmal bat man ihn, eine Geschichte von seinem Lehrer zu erzählen. Da erzählte er, wie der heilige Baalschem beim Beten zu hüpfen und zu tanzen pflegte. Mein Großvater stand auf und erzählte, und die Erzählung riss ihn so hin, dass er hüpfend und tanzend zeigen musste, wie der Meister es emacht hatte. Von der Stunde an war er geheilt. So soll man Geschichten erzählen.«
chassidische Erzählung

Mit 125 Jahren war Jeanne Calment aus Arles, die erst im Alter von 110 Jahren mit dem Rauchen aufgehört hatte, einer der ältesten Menschen der Welt. Sie sagte: »Wenn das Herz fröhlich bleibt, wirst du nicht krank. Bestehe nicht darauf, immer gleich zu bekommen, was du dir wünschst, dann hast du weniger Sorgen. Immer alles essen, was einem schmeckt, aber nicht zu viel.«

»Nichts beschleunigt die Genesung so sehr wie regelmäßige Arztrechnungen.«
Sir Alec Guiness (1914–2000), englischer Schauspieler

»Eine der am meisten verbreiteten Krankheit ist die Diagnose.«
Karl Kraus (1874–1936), österreichischer Schriftsteller und Publizist

»In der einen Hälfte unseres Lebens opfern wir unsere Gesundheit, um Geld zu erwerben.
In der anderen Hälfte opfern wir Geld,
um die Gesundheit wiederzuerlangen.«
Voltaire (1694–1778), französischer Schriftsteller und Philosoph

»Der Gesunde hat viele Wünsche, der Kranke nur einen ...«

SEGEN / GEBET

»Ich weiß nicht,
ob der Himmel niederkniet,
wenn man zu schwach ist,
um hinaufzukommen.«
    Christine Lavant (1915–1973), österreichische Lyrikerin

Lass es genug sein oder Michelangelos Gebet

O Herr, bitter ist das Brot des Alters und hart.
Wie erschien ich mir früher reich – wie arm bin in nun,
einsam und hilflos.
Wozu tauge ich noch auf Erden? Schmerzen plagen mich
Tag und Nacht,
träge rinnen die Stunden meiner schlaflosen Nächte dahin;
ich bin nur noch ein Schatten dessen, der ich einmal war.
Ich falle den anderen zur Last.
Herr, lass genug sein.
Wann wird die Nacht enden und der lichte Tag aufgehen?
Hilf mir, geduldig zu sein.
Zeig mir dein Antlitz, je mehr mir alles andere entschwindet.
Lass mich den Atem der Ewigkeit verspüren, nun,
da mir aufhört die Zeit.
Auf dich, Herr, habe ich gehofft;
lass mich nicht zugrunde gehen in Ewigkeit.
    Michelangelo (1475–1564), italienischer Baumeister, Bildhauer, Maler und Dichter

Gesundheit und Krankheit

Denk an den Regenbogen

Wenn du dich fürchtest,
weil Krankheit dir die Schwäche zeigt,
dann denk an den Rogenbogen in der Nacht,
und habe eine Schwäche für dich
und die, die du liebst.
Starke und Mächtige haben wir genug.

Wenn du dich fürchtest,
weil Menschen sich abwenden,
weil sie dich nicht sein lassen können in deiner Eigenheit,
in der Wahl und Entschiedenheit deines Lebens und deiner Liebe,
dann denk an den Regenbogen in der Nacht,
und gib dich hin deinem eigenen Herzen,
und fülle dich mit den Farben des Lichtes.

Wenn du dich fürchtest,
weil der kalte Hauch der Einsamkeit dich berührt
und die Nacht schwarz ist,
dann wisse, dass in der dunkelsten Nacht
der Geburtsort der Sonne ist,
der Mutter der Farben
und des Regenbogens.

Wenn ihr euch fürchtet,
dann denkt an den Regenbogen in der Nacht,
dann tut euch zusammen,
jede und jeder mit der eigenen Farbe,
und überzieht den Himmel
mit den Farben der Liebe.
    altirisches Gebet

»Der Gesunde hat viele Wünsche, der Kranke nur einen ...«

IDEENBÖRSE

1. Wie geht es?

- Auf dem Tisch liegen – völlig ungeordnet – die unterschiedlichsten Gegenstände aus (z.B. Schlüsselbund, Heftpflaster, Schere, Kreuz, Blume, Rosenkranz, Spiegel, Lippenstift).
- Alle suchen sich jeweils einen Gegenstand aus, der symbolhaft am besten die augenblickliche Befindlichkeit zum Ausdruck bringt.
- Nun erhalten alle die Gelegenheit, ihr Symbol vorzustellen und die spontanen Ideen, Empfindungen und Erinnerungen, die sie damit verbinden, mitzuteilen.

2. Hauptsache gesund

- Das Leitungsteam hat in einem »Gesundheitskorb« alles gesammelt, was auf dem Gesundheitsmarkt aktuell zu haben ist,(z.B. Pillen, Tinkturen, Heilpflanzen oder Reklame für »Jungbrunnen« wie Lifting, Wellnesskuren, Fitnesstraining).
- In »marktschreierischer Form« werden die »Gesundheitsmittel« einzeln angepriesen und zugleich in ihren Risiken und Nebenwirkungen auf den Gesundheitswahn entlarvt.
- Im Rundgespräch wird über den »gesunden« Stellenwert von Gesundheit und Krankheit diskutiert.
  Alternative: An den (Stell-)Wänden sind die unterschiedlichsten Plakate und Prospekte für bestimmte Arzneien, Diäten, Wellness- und Fitnesskuren usw. angebracht. Alle schauen sich in Ruhe um und verteilen dann jeweils einen Plus- und einen Minuspunkt für die als positiv bzw. als negativ empfundene Werbung.

Gesundheit und Krankheit

3. Jesus, der Heiland

- ❖ Das Leitungsteam sucht eine der vielen Heilungsgeschichten Jesu aus, z.B. die Heilung des Blinden bei Jericho (Lk 18,35–43).
- ❖ Die biblische Erzählung wird laut vorgelesen und in einem kurzen Rollenspiel veranschaulicht.
- ❖ Alle können sich anschließend spontan zu dieser Heilungsgeschichte äußern. Was hat sie aufgeregt, gar geärgert? Was finden sie wohltuend, ja heilsam? Wie erleben sie das Zwiegespräch Jesu mit dem Kranken? Was ist die gute Nachricht/frohe Botschaft dieser biblischen Erzählung?
- ❖ Es können noch andere bekannte Heilungsgeschichten benannt, erzählt und im Gespräch interpretiert werden.

»Der Gesunde hat viele Wünsche, der Kranke nur einen ...«

KAPITEL 5
»Die schwersten Wege werden allein gegangen ...«
Einsamkeit und Gemeinsamkeit

Sonett Nr. 19

Nur eines möchte ich nicht: dass du mich fliehst.
Ich will dich hören, selbst wenn du nur klagst.
Denn wenn du taub wärst, braucht ich, was du sagst.
Und wenn du stumm wärst, braucht ich, was du siehst.

Und wenn du blind wärst, möchte ich dich doch sehn.
Du bist mir beigesellt als meine Wacht:
Der lange Weg ist noch nicht halb verbracht.
Bedenk das Dunkel, in dem wir noch stehn!

So gilt kein »Lass mich, denn ich bin verwundet!«
So gilt kein »Irgendwo« und nur ein »Hier«.
Der Dienst wird nicht gestrichen, nur gestundet.

Du weißt es: wer gebraucht wird, ist nicht frei.
Ich aber brauche dich, wie's immer sei.
Ich sage ich und könnt auch sagen wir.

Bertolt Brecht (1898–1956), deutscher Lyriker und Dramatiker

»Die schwersten Wege werden allein gegangen«, diese Erfahrung der hochbetagten Lyrikerin Hilde Domin (*1912) drückt das Lebensgefühl vieler Menschen aus – nicht nur der älteren. Trotz weltweiter Vernetzung, trotz weit verbreiteter Kommunikationsmittel fühlen sich viele Menschen einsam, letztlich auf sich selbst verwiesen. Die Kontaktmöglichkeiten sind so zahlreich wie nie zuvor, aber die wirklich tragenden Beziehungen sind rarer denn je. Ständig von Menschen umgeben, vereinsamen immer mehr Menschen. »Leben ist Einsamsein« (Hermann Hesse).

Einsamkeit kann sehr schmerzlich sein, wenn man sich missverstanden, allein gelassen, aus der Gemeinschaft ausgeschlossen fühlt. Einsamkeit kann aber auch sehr hilfreich, gelegentlich lebensnotwendig sein. Jeder Mensch braucht die »einsamen« Augenblicke, Stunden, ja Tage, wo er ganz allein mit und bei sich sein kann. Wo er auf der Suche nach (neuer) Orientierung sich selbst findet oder wieder zu sich selbst kommen kann. Nur wer gelegentlich inne hält, (er)hält sein Inneres, kann den inneren Kompass neu ausrichten.

Die Einsamkeit suchen wir selbst – »von innen« heraus; sie wird uns nicht von außen aufgedrängt. Wenn uns gelegentlich die Gemeinschaft in der Ehe, in der Familie, in der Nachbarschaft oder im Freundeskreis zu viel wird, ziehen wir uns zurück. Das Ich sucht dann Asyl in der Einsamkeit. »Kommt mit an einen einsamen Ort, wo wir allein sind und ruht ein wenig aus« (Mk 6,31), so die Einladung Jesu an seine Jünger.

Einsamkeit meint keinesfalls Vereinsamung; Alleinsein bedeutet keineswegs Verlorenheit. Von allen verlassen und verloren, erleben sich Menschen, die unfreiwillig in die Situation des Ausgegrenztseins und der Isolation geraten. Oft sind es körperliche Beschwernisse, schwere Erkrankungen oder der Verlust nahestehender Menschen, die – vor allem im Alter – in die Vereinsamung führen.

Menschlich leben heißt in Beziehungen leben. Wo (ältere) Menschen sich nicht mehr eingebunden wissen in das Beziehungsnetz von Familie und Freundeskreis, von Gruppen und Gemeinschaften, da fallen sie letztlich aus allen alten Bindungen heraus, da vereinsamen sie. Interesselosigkeit und Gleichgültigkeit sind der Tod jeder menschlichen Beziehung.

In allen Lebensphasen geht es um das Gleichgewicht polarer Spannungskräfte: zum einen um Nähe, Gemeinsamkeit, Zuwendung und Fürsorge, zum anderen um Distanz, Einsamkeit, Abgrenzung und Selbstsorge. »Die schwersten Wege werden allein gegangen ...« – verlässliche Wegbegleiter erleichtern ganz wesentlich auch den schwersten Gang.

Im Zimmer

Das Zimmer behütet mich
da ich es hüten muss

Kommt stückweis die Welt
an mein Fenster
Pappeln Sperlinge Wolken

Briefe von alten und fremden Freunden
besuchen mich täglich

Die Zeit
ein Gespräch

Wirklichkeit
sagst du
ich sage
Traum

    Rose Ausländer (1901–1988), deutsche Lyrikerin rumänischer Herkunft

GESCHICHTEN

> Seltsam, im Nebel zu wandern,
> Leben ist Einsamsein.
> Kein Mensch kennt den andern.
> Jeder ist allein.
>
> Hermann Hesse (1877–1962),
> deutscher Schriftsteller und Nobelpreisträger (1946)

Man muss leer werden, um wieder auffüllen zu können. Wer ganz »voll« ist – voller Arbeit, voller Betriebsamkeit, voller Gedankenspielereien und Hirngespinste –, fühlt oft genug eine innere Leere. Daraus hat der König im folgenden Märchen seine Lehre gezogen: jeden Tag verbringt er eine Stunde in der leeren Kammer, um danach buchstäblich aus dem Vollen zu schöpfen – für sich und für andere. Wer gibt, der erhält: ein erfülltes Leben. »Und die Gaben nahmen kein Ende ...«

Von der Hoffnung in aller Hoffnungslosigkeit erzählt die »Meistergeschichte«, vom Aushalten der Einsamkeit und vom geduldigen Warten. Letzteres wird mit dem Leben belohnt, Rettung aus höchster Not. Die Hoffnung stirbt zuletzt! – Ganz ohne Hoffnung kann niemand leben, nicht einmal in (fast) hoffnungsloser Situation.

»Die schwersten Wege werden allein gegangen ...«

Des Königs leere Kammer

Ein König war über die Maßen reich und überaus freigiebig. Es verging kein Tag, ohne dass er aus seinem großen Vermögen allen, die es nötig hatten, reichlich ausgeteilt hätte. Und obwohl er viel gab, wurden seine Schatzkammern nicht leer.

Jeden Morgen ging er in das unterirdische Gewölbe, in dem die Schatzkammern lagen. Bevor er sie aber mit dem Schlüssel öffnete, ging er zu einer Kammer, die zuhinterst lag und deren Türe als einzige Tag und Nacht bewacht wurde. Sooft er die geheime Kammer öffnete, ließ er die Wache wegtreten, so dass niemand auch nur einen Blick hineinwerfen konnte. Dann schloss er die Türe hinter sich zu und blieb eine Stunde darin. Wenn er wieder herauskam, schloss er sorgfältig ab und rief erst dann die Wache wieder herbei.

So geschah es Tag für Tag und Jahr für Jahr. Alle wussten es und verwunderten sich darüber. Viele flüsterten, er treibe im Geheimen Zauberei. Einige munkelten, er stehe mit dem Teufel im Bund und vermehre mit dessen Hilfe seine Schätze. Auch seine Familie vermutete, dass er irgendetwas Geheimnisvolles tue. Aber niemand wagte ihn zu fragen.

Als er alt geworden war, rief er eines Abends seinen ältesten Sohn zu sich und sagte zu ihm: »Ich bin nun alt geworden und werde bald sterben, und du wirst nach mir König sein. Ich will dir nun das Geheimnis unseres Reichtums zeigen. Aber schwöre mir zuerst, dass du keinem Menschen etwas davon verraten wirst und es erst deinem Sohn wieder anvertrauen wirst, wenn du selber alt geworden bist!« Und der Sohn schwor es.

Dann nahm ihn der König mit sich und führte ihn in die geheime Kammer. Als sie eingetreten waren, blickte sich der Sohn nach allen Seiten um und griff dann erschrocken nach dem Arm des Vaters. Die Kammer war ganz leer. Der König fragte ihn: »Wovor erschrickst du? Was siehst du?« Der Sohn antwortete: »Ich sehe nichts. Darum erschrecke ich.« Der König sagte zu ihm: »Ich werde dich für diese Nacht hier einschließen, und du sollst über die Kammer nachdenken.« Der Sohn umklammerte entsetzt den Vater aus Angst vor dem Alleinsein. Der aber umarmte ihn, löste sich von ihm und schloss ihn ein.

Als er am nächsten Morgen die Kammer öffnete und eintrat, sah er den Sohn am Boden liegen, den Mantel über den Kopf gezogen. Er hob ihn auf und fragte ihn: »Worüber hast du in dieser Nacht nachgedacht?« Der Sohn antwortete: »Ich konnte nichts denken, aber ich werde diese Kammer zumauern.« Der König erwiderte nichts und führte ihn hinaus. Am Abend schloss er ihn wiederum ein und sagte zu ihm: »Denke in dieser Nacht über die Kammer nach!« Am andern Morgen fand er den Sohn bleich und trotzig an eine Mauer gelehnt sitzen und fragte ihn wiederum: »Worüber hast du in dieser Nacht nachgedacht?« Der Sohn antwortete: »Ich habe darüber nachgedacht, womit ich die Kammer füllen werde.« Der König antwortete nichts und führte ihn hinaus.

Am dritten Abend schloss er ihn abermals ein und sagte zu ihm: »Denke auch in dieser Nacht darüber nach!« Als er am nächsten Morgen eintrat, stand der Sohn vom Boden auf und rieb sich die Augen. Der König fragte ihn: »Worüber hast du diese Nacht nachgedacht?« Der Sohn antwortete: »Ich weiß nicht, die Leere der Kammer hat mich ruhig und gelassen gemacht. Ich habe die ganze Nacht tief geschlafen.«

Da lächelte der König, umarmte ihn und sagte: »Dann hast du das Geheimnis der Kammer verstanden. Komm nun mit und hilf mir bei der täglichen Austeilung.« Er schloss die Kammer sorgfältig zu und ging dann mit dem Sohn in die Schatzkammern und holte mit ihm heraus, was für den Tag nötig war.

Nach dem Tode des Königs übernahm der Sohn den Schlüssel zur leeren Kammer und machte täglich denselben Gang wie sein Vater. Bevor er die Gaben austeilte, ging er in die leere Kammer, schloss

»Die schwersten Wege werden allein gegangen …«

sich ein, blieb eine Stunde darin und ging erst dann in die Schatzkammern. Und die Gaben, die er von dort aus den Leuten austeilte, nahmen kein Ende.

Quelle unbekannt

Von der Hoffnung, wo nichts zu hoffen ist

Einmal kamen drei Schüler zu ihrem Meister und fragten: »Wenn alles hoffnungslos ist, wie kann man dann noch hoffen?« Der Meister antwortete: »Immer gilt: Haltet der Einsamkeit stand und wartet, denn alle Hoffnungslosigkeit kommt aus der Angst vor der Einsamkeit und aus der Ungeduld.« Die Schüler aber gaben sich nicht zufrieden und erzählten von den Schicksalen anderer Menschen. Der erste: »Wenn ein Kind, das Licht seiner Eltern, unheilbar auf den Tod liegt – wo ist da Hoffnung?« Der zweite: »Wenn einen die Geliebte verlassen hat, und war sie doch das Leben – wie töricht ist da Hoffnung!« Der dritte: »Wenn einer fortgeführt wird in die Fremde und keine Brücke führt zurück – worauf da noch hoffen?« »Und wieder antwortete der Meister: »Der Einsamkeit standhalten und warten!« Und weil sie ihn um ein Zeichen nach diesen dunklen Worten baten, gab er ihnen ein Samenkorn. »Wenn das Neue kommen soll, muss Altes sterben«, sagte er und entließ sie.

Die Gegend aber war unwegsam und die Nacht dunkel. Weitab von des Meisters Haus kamen die drei vom Weg ab, irrten umher und fielen in eine Höhle; die war sehr tief, doch sie blieben unverletzt. Wie sie dort auf dem weichen Moose lagen und sich ihrer Lage bewusst wurden, fiel ihr Blick nach oben, und sie sahen den Mond; der beschien ihr Elend. »Es ist hoffnungslos«, begann der eine, »wir kommen aus eigener Kraft nicht heraus, man wird uns nicht finden, und unsere Schreie werden in der Einsamkeit verhallen. Wenn ihr hier vor mir sterben solltet, bleibe ich allein und einsam. Soll ich darauf warten? Und soll ich ein Samenkorn pflanzen, dessen Früchte ich nicht mehr ernten kann – welchen Sinn macht das?« Dann beugte er sich nieder, weinte, wurde still und tat seinen letzten Atemzug.

Sprach da der zweite Schüler: »So geht es mir auch, doch untätig auf den Tod warten will ich nicht.« Darauf begann er, an den steilen Wänden der Höhle hinaufzuklettern, erreichte wohl die halbe Höhe, rutschte dann aber ab. Im Fallen schlug er gegen die Wand und blieb tot unten liegen. Der dritte Schüler blickte auf seine beiden Gefährten und dachte bei sich: »Angst, einmal allein zu bleiben, muss ich nun nicht mehr haben, denn ich bin allein. Schwach, wie ich bin, kann das Warten mich nur stärken.« Dann blickte er um sich, sah Pflanzen und Sträucher auf dem Grund der Höhle und hörte hinter sich eine Quelle. Da fuhr er mit der Hand durch das Wasser, streichelte den Boden, der ihm Nahrung geben konnte. Wie er dies tat, fiel ein Blick auf das Samenkorn, das ihm beim Sturz in die Höhle aus der Tasche gefallen war. Er nahm es und setzte es in die Erde. Am nächsten Morgen fielen Sonnenstrahlen in die Höhle; die wärmten ihn. Kräuter, Beeren und Wasser waren seine Nahrung Tag für Tag. Das Samenkorn aber keimte, und über die Tage, die Wochen und die Jahre wuchs der Keimling zu einem Trieb und der Trieb zu einem Baum, und seine Krone strebte der Höhlenöffnung entgegen. Da dankte der Schüler Gott, kletterte den Stamm empor, verließ die Höhle und rannte zum Haus des Meisters. »Es gibt Hoffnung, auch wenn keine Hoffnung mehr ist«, rief er. »Du hast es gewusst, ich danke dir.« Da lächelte der Meister still und sprach: »Wohl habe ich es gesagt, aber ich wusste es nicht, denn ich war noch nie ganz ohne Hoffnung.«

Quelle unbekannt

»Die schwersten Wege werden allein gegangen ...«

ALTERSWEISHEITEN

Einst hatte sich einer im tiefen Wald verirrt. Nach einer Zeit verirrte sich ein zweiter und traf den ersten. Ohne zu wissen, wie es dem ergangen war, fragte er ihn, auf welchem Weg man hinausgelange. »Den weiß ich nicht«, antwortete der erste, »aber ich kann dir die Wege zeigen, die nur noch tiefer ins Dickicht führen, und dann lass uns gemeinsam nach dem Wege suchen.«
Martin Buber (1878–1965),
israelischer Sozial- und Religionsphilosoph österreichischer Herkunft

»Was tut uns das Altern, wenn wir zu zweien sind?«
Stendhal eigentlich Henri-Marie Beyle (1783–1842), französischer Schriftsteller

»Einsamkeit ist der Weg, auf dem das Schicksal den Menschen zu sich selber führen wird.«
Hermann Hesse (1877–1962), deutscher Schriftsteller und Nobelpreisträger (1946)

»Das Unglück des Menschen beginnt damit, dass er außerstande ist, mit sich allein in einem Zimmer zu bleiben.«
Blaise Pascal (1623–1662), französischer Philosoph, Physiker und Mathematiker

»Den Weg durchs Leben kann man
nur Hand in Hand zurücklegen.«
Eugéne Ionesco (1912–1944), französischer Schriftsteller rumänischer Herkunft

»Es ist das größte Kunstwerk, dass zwei Menschen,
die sich einmal überhaupt nicht gekannt haben,
den Versuch machen, miteinander alt zu werden.«
*Hans Dieter Hüsch (*1925), deutscher Kabarettist und Schriftsteller*

Einsamkeit und Gemeinsamkeit

VOLKSWEISHEITEN

Allein allein ist besser als zu zweit allein.
aus Österreich

Jeder Mensch ist ein eigenes Land.
aus Tansania

Wenn Mann und Frau auch auf dem gleichen Kissen schlafen, so haben sie doch unterschiedliche Träume.
aus der Mongolei

Große Bäume spenden für andere Schatten und stehen selbst in der Sonnenglut.
aus Afrika

Das Lächeln, das du aussendest, kehrt zu dir zurück.
aus Indien

Es gibt keinen Weg, der nicht auch nach Hause führt.
aus dem Zululand

Wer selbst den Weg gefunden hat,
schließt sich keiner Karawane an.
aus Arabien

Die längste Reise ist die Reise nach innen.
aus Indien

»Die schwersten Wege werden allein gegangen ...«

SCHMUNZELGESCHICHTEN

Höre auf jedes Wort

Als ein Mann, dessen Ehe nicht gut ging, seinen Rat suchte, sagte der Meister: »Du musst lernen, deiner Frau zuzuhören.« Der Mann nahm sich diesen Rat zu Herzen und kam nach einem Monat zurück und sagte, er habe gelernt, auf jedes Wort, das seine Frau sprach, zu hören.

Sagte der Meister mit einem Lächeln: »Nun geh nach Hause und höre auf jedes Wort, das sie nicht sagt.«

Anthony de Mello (1931–1987), indischer Theologe (Jesuit),
Psychologe und Schriftsteller

Enttäuschung

Über Enttäuschung in der Ehe wird viel Übles, stark Übertriebenes und Unwahres kolportiert.

Zum Beispiel die Geschichte einer Frau, die sich einen Mann wünschte und eine Anzeige unter der Rubrik »Persönliches« aufgab. Und 200 Antworten bekam, die alle besagten: »Sie können meinen haben.«

Einsamkeit und Gemeinsamkeit

»Es fällt niemandem ein, von einem Einzelnen zu verlangen, dass er glücklich sei – heiratet einer aber, so ist man sehr erstaunt, wenn er es nicht ist.«
Rainer Maria Rilke (1875–1926), österreichischer Lyriker tschechischer Herkunft

»Musik hält jung, eine gute Ehefrau auch. Wenn dir Gott eine Frau gegeben hat, dann verlasse sie erst, wenn du der Welt endgültig den Rücken kehrst.«
der hundertjährige Albertano Roa aus Ecuador

»Die Einsamkeit wäre ein idealer Zustand. Wenn man sich die Menschen aussuchen könnte, die man meidet.«
Karl Kraus (1874–1936), österreichischer Schriftsteller und Publizist

»Es ist schlimm, wenn zwei Eheleute einander langweilen. Viel schlimmer jedoch ist es, wenn nur einer von ihnen den anderen langweilt.«
Marie von Ebner-Eschenbach (1830–1916), österreichische Erzählerin

»Die schwersten Wege werden allein gegangen ...«

SEGEN / GEBET

»Niemand empfängt einen Segen nur für sich selbst.«
Friedrich von Bodelschwingh (1831–1910), deutscher evangelischer Theologe und Gründer der Betheler Mission

So segne dich der Herr

Der Herr segne dich.
Er erfülle deine Füße mit Tanz,
deine Arme mit Kraft,
deine Hände mit Zärtlichkeit,
deine Augen mit Lachen,
deine Ohren mit Musik,
deine Nase mit Wohlgeruch,
deinen Mund mit Jubel,
dein Herz mit Freude.
So segne dich der Herr.
   irisches Segensgebet

Lebenssegen

Keinen Tag soll es geben,
da du sagen musst:
Niemand ist da,
der mir hilft in meiner Not.

Keinen Tag soll es geben,
da du sagen musst:
Niemand ist da,
der mich erfüllt
mit seinem Trost.

Keinen Tag soll es geben,
da du sagen musst:
Niemand ist da,
der mich hält in seiner Hand.

Keinen Tag soll es geben,
da du sagen musst:
Niemand ist da,
der mich leitet und begleitet
auf allen meinen Wegen –
Tag und Nacht.

Sei gut behütet
und beschützt.

Uwe Seidel (*1937), deutscher Schriftsteller und evangelischer Theologe

»Die schwersten Wege werden allein gegangen ...«

IDEENBÖRSE

1. Zeitbudget

- Alle erhalten zwei farbige Filzstifte und einen kreisrunden Plakatkarton (etwa 20 cm ø). Diesen Kreis teilen die Teilnehmer in verschieden große Segmente auf, die ihrer (alltäglichen) Zeiteinteilung entsprechen. Wie viel Zeit (und Kraft) investiere ich in diese oder jene Tätigkeit, Aufgabe, Freizeitaktivität?
- In einem zweiten Schritt werden die Bereiche mit unterschiedlichen Farben gekennzeichnet, die allein oder in Gemeinschaft mit anderen getan werden.
- Diese persönlichen Unterlagen werden (diskret) in den allgemeinen Erfahrungsaustausch eingebracht. Wie viel Zeit verbringen wir allein bzw. mit anderen? Wie erleben wir dabei Einsamkeit, Zweisamkeit, Gemeinsamkeit?

2. Spruchkarten

- Das Leitungsteam hat unter den Alters- und Volksweisheiten sowie den Schmunzelgeschichten eine Auswahl getroffen und sie eventuell um weitere Spruchweisheiten ergänzt. Die Aphorismen werden auf Karten gut leserlich geschrieben.
- Je nach Größe der Gruppe liegen die Karten(serien) auf einem oder mehreren Tischen aus. Alle können jeweils einen Spruch auswählen, der sie besonders anspricht oder den sie in seiner Aussage ablehnen.
- Alle lesen zunächst ihren »positiven« Spruch vor und begründen ihre Wahl. In einer zweiten Runde werden die »negativen« Sprüche vorgelesen und kommentiert.

❖ Im allgemeinen Meinungs- und Erfahrungsaustausch geht es um die Ambivalenzen von Einsamkeit und Gemeinsamkeit, um ihre Licht- und Schattenseiten. Wichtig ist eine Ausgewogenheit, eine Balance von Nähe und Distanz, Beziehung und Entziehung, Eigensinn und Gemeinsinn.

3. *»Verloren und verlassen«*

❖ »Da habe ich mich verloren und verlassen (ja auch verraten) gefühlt«, eine solche Situation haben zweifellos alle schon einmal oder mehrmals erlebt. Sie erzählen darüber und auch über ihre (oft schmerzlichen) Erfahrungen und Empfindungen.
❖ Im anschließenden Gespräch wird die unterschiedliche Sichtweise von »Einsamkeit« und »Vereinsamung« herausgestellt. Auch hier werden alle ihre jeweiligen Erlebnisse und Erfahrungen einbringen können.

»Die schwersten Wege werden allein gegangen ...«

KAPITEL 6
»... an diesen winzigen Anstiftungen zum Glück«
Glück und Leid

Sieben Jahre wollt kein Schritt mir glücken.
Als ich zu dem großen Arzte kam,
fragte er: Wozu die Krücken?
Und ich sagte: Ich bin lahm.
Sagte er: Das ist kein Wunder.
Sei so freundlich, zu probieren!
Was dich lähmt, ist dieser Plunder.
Geh, fall, kriech auf allen vieren!

Lachend wie ein Ungeheuer
nahm er mir die schönen Krücken,
brach sie durch auf meinem Rücken,
warf sie lachend in das Feuer.
Nun, ich bin kuriert: Ich gehe.
Mich kurierte ein Gelächter.
Nur zuweilen, wenn ich Hölzer sehe,
gehe ich für Stunden etwas schlechter.
Bertolt Brecht (1898–1956), deutscher Lyriker und Dramatiker

»Ein Leben im Glück wünschen sich wohl alle, ebenso tappen aber auch alle im Dunkeln, wenn es darum geht, sich die Voraussetzungen für ein echtes Lebensglück deutlich vor Augen zu stellen«, schrieb schon vor mehr als 2000 Jahren der römische Philosoph und Dichter Seneca (4 v.Chr.–65 n.Chr.). Wer sehnt sich nicht nach Glück, nach Lebensglück möglichst bis an sein Lebensende. Aber wie geht das mit dem Glücklichwerden?

Glück, das heißt für viele: Reichtum, Erfolg, Prestige, Vergnügen, Gesundheit. Man muss eben Glück haben in seinem Leben. Ob das wirklich glücklich macht? Zwischen »Glück haben« und »Glücklich sein« liegen oft Welten.

Wer würde bestreiten wollen, dass Glück auch von äußeren Lebensbedingungen abhängig ist. Jedoch sind sie kein Garant für Lebensglück. So mancher ist todunglücklich in all seinem Reichtum und inmitten all seiner Prestigeobjekte.

Glück bleibt dem menschlichen Zugriff entzogen. Es ist weder planbar noch machbar. Glück stellt sich ein, fällt uns zu, ist Geschenk, oft unverhofftes »Geschenk des Himmels«. Deshalb ist wahres Glück unbeschreiblich. Wir können es kaum in Worte fassen: das unglaubliche, unsagbare, eben himmlische Glück. In solchen Augenblicken der Glückseligkeit überschreitet der Mensch seine Grenzen, ahnt er etwas vom paradiesischen Glück vorab auf Erden.

Freilich: die irdische Realität sieht weithin anders aus. Da überwiegen gerade im Alter die leidvollen Erfahrungen von der Vergänglichkeit des Glückes. Da leben so manche (ältere) Menschen in »unglücklichen« Verhältnissen – materiell wie immateriell. Sie leiden an ihrer Armut, an persönlichen Unzulänglichkeiten und Verkümmerungen, an willkürlicher Ausgrenzung oder schuldhaftem Versagen. Das alles tut ihnen leid – im Doppelsinn des Wortes.

Die Bibel nennt – paradoxerweise – jene glücklich, ja preist sie sogar selig, die eben nicht haben, was andere haben. Die neidlos zufrieden sind mit dem, was ihnen gegeben ist. Da muss es – so die bib-

»... an diesen winzigen Anstiftungen zum Glück«

lische Botschaft – fernab aller oberflächlichen Glückserwartungen wohl noch andere Reichtümer geben. Manchmal öffnen erst schmerzhafte und leidvolle Erfahrungen die Augen für das, was wirklich reich und glücklich macht. Für die kleinen Glücksmomente, die das Leben immer noch bereit hält bis ins hohe Alter.

»Glück im Unglück« sagt der Volksmund, wenn jemand mit heiler Haut davon gekommen ist. Dahinter steckt die Botschaft: Wer aus dem glücklichen Ausgang eines unheilvollen Zwischenfalles seine Lehre zieht, ordnet die Wertigkeiten seines Lebens ganz neu. So wie etwa »Hans im Glück« im gleichnamigen Märchen: Je wertloser der eingetauschte Schatz wurde, desto glücklicher wurde er. Und umso »erleichterter« konnte er seinen (Lebens-)Weg fortsetzen.

Es gibt im Leben eines jeden Menschen das Wechselspiel von Glück und Leid, Hoffnung und Enttäuschung. Wer, wenn nicht die Alten, kennen beide Seiten ein und derselben Medaille: das Glück *und* das Leid. Wer, wenn nicht die Alten, wissen darum, dass die christliche Verheißung vom Leben in Fülle und die Gebrochenheit des alltäglichen Lebens sich nicht gegenseitig aufheben. Nichts ist dem Glück abträglicher als Versprechungen vom paradiesischen Glück hier und jetzt auf Erden. Nichts ist der menschlichen Sehnsucht abträglicher als »wunschloses Glücklichsein«. Zum Glück bleiben immer noch Wünsche offen und Sehnsüchte unerfüllt ...

Alles geben die Götter, die unendlichen,
ihren Lieblingen ganz,
alle Freuden, die unendlichen,
alle Schmerzen, die unendlichen, ganz.
Johann Wolfgang von Goethe (1749–1832), deutscher Dichter und Dramatiker

GESCHICHTEN

> »Ich habe wirklich vor, ständig an der Ermöglichung von irgendetwas Gutem, Richtigem, Schönem zu arbeiten, an diesen winzigen Anstiftungen zum Glück.«
>
> Gabriele Wohmann (*1932), deutsche Schriftstellerin

Wer schenkt, fühlt sich selbst beschenkt. Anstiftungen zum Glück fallen immer auf ihren Urheber zurück. Aber Glück ist störanfällig: Ein Störenfried reicht aus, um das Glück einer Familie, einer Nachbarschaft, eines ganzen Dorfes oder Stadtteiles zu gefährden. So geschehen im amerikanischen Märchen von den kleinen Leuten von Swabedoo, deren glückliches Zusammenleben im Wechselspiel von Schenken und Beschenktwerden durch einen unglückseligen Kobold von Grund auf zerstört wird. Statt warmer weicher Pelzchen stachelige kalte Steine, und schon werden die Herzen zu Stein. Alle sorgen sich nur noch um das eigene Heil – und stürzen sich und die anderen ins Unheil.

Ähnlich ergeht es dem alten Ehepaar, das über Jahre und Jahrzehnte glücklich und zufrieden zusammenlebt. Eines Tages ereilt sie die Legende von dem ganz großen Glück irgendwo auf dieser Welt. Umgehend machen sie sich auf und erdulden die Entbehrungen und Strapazen einer langen Wanderung. Sie klopfen hier und da an, doch nirgends ist das große Glück zu Hause. Schließlich finden sie es in ihrer eigenen Wohnung – »bei offener Tür«. Das offene Haus – einladend, gastfreundlich, zugänglich – Symbol für Glück, für Glücklich machen und selbst Glücklich werden.

Anmerkung: Bevor die erste Geschichte vorgelesen wird, können aus einem kleinen Säckchen kleine Fellstücke verteilt werden, um so eine gewisse Neugier bzw. Spannung zu erzeugen.

»... an diesen winzigen Anstiftungen zum Glück«

Die kleinen Leute von Swabedoo

Vor langer, langer Zeit lebten in dem Dorf Swabedoo kleine, glückliche Leute, die sich Swabedoodas nannten. Tagtäglich liefen sie mit einem Lächeln bis an die Ohren herum und grüßten jeden freundlich, den sie trafen. Nie blieb es beim gesprochenen Gruß. Die Swabedoodas hatten die Gewohnheit, sich kleine, warme, weiche Pelzchen zu schenken. Jeder trug über seiner Schulter einen Beutel, der mit solchen Pelzchen gefüllt war. Damit, dass er einem anderen ein Pelzchen schenkte, brachte er zum Ausdruck: Ich mag dich! Du bist etwas Besonderes! – Und der andere freute sich, dass er ein Pelzchen bekam. Er hielt es an seine Backe und fühlte, wie warm und weich und wohlig es war. Und er fühlte sich glücklich, reich und beachtet und legte das Pelzchen zu den anderen in seinen Beutel. Außerdem drängte es ihn, dem schenkenden Freund ebenso etwas Gutes zu tun. Er schenkte ihm aus seinem Beutel ein besonders schönes und weiches Pelzchen.

Die Swabedoodas hatten es gern, weiche Pelzchen zu bekommen, und ebenso gern verschenkten sie weiche Pelzchen; und ihr gemeinsames Leben war ohne Zweifel sehr beglückend.

Nun lebte außerhalb ihres Dorfes in einer kalten, dunklen Höhle ein grüner, hässlicher Kobold. Der wollte nichts mit den kleinen Swabedoodas zu tun haben. Manchmal fühlte er sich zwar einsam, aber es schien niemand mit ihm auszukommen. Irgendwie konnte er es auch nicht leiden, warme, weiche, wohlige Pelzchen auszutauschen. Er hielt es für Unsinn und Zeitverschwendung. Eines Abends ging der Kobold in das Dorf und traf dort auf einen kleinen, freundlichen Swabedooda. »War heute nicht ein schöner Swabedooda-Tag?«, fragte die kleine Person lächelnd. »Hier, nimm ein warmes, weiches Pelzchen; dieses ist ein ganz besonderes, ich habe es extra für dich aufbewahrt, weil ich dich so selten sehe.« Der Kobold schaute sich um, ob auch kein anderer ihnen zuhörte. Dann legte er den Arm um den

Glück und Leid

kleinen Swabedooda und flüsterte ihm ins Ohr: »Hör mal, weißt du denn nicht, dass, wenn du alle deine Pelzchen abgibst, sie dir dann irgendwann an einem deiner schönen Swabedooda-Tage ausgehen werden?« Er bemerkte einen furchtsam erstaunten Blick im Gesicht des kleinen Mannes, und während der Kobold in den Pelzchenbeutel hineinschaute, fügte er hinzu: »Jetzt, würde ich sagen, hast du kaum mehr als 213 weiche Pelzchen übrig. Sei lieber vorsichtig mit dem Verschenken!« Damit drehte sich der Kobold auf seinen großen, grünen Füßen um und ließ einen verwirrten und unglücklichen Swabedooda zurück.

Der Kobold wusste, dass jeder der kleinen Swabedoodas eigentlich einen unerschöpflichen Vorrat an Pelzchen besaß, denn fast immer, wenn er ein Pelzchen verschenkte, bekam er eins wiedergeschenkt. Doch der Kobold ahnte, dass die glückliche Natur der kleinen Leute angreifbar war. Er überlegte: einerseits müsste er dem Schenktrieb der kleinen Leute Rechnung tragen, andererseits das Schenken von Pelzchen verhindern. Könnte er vielleicht die Pelzchen durch etwas anderes ersetzen? – Ihm kam eine Idee: Er hatte viele Jahre damit zugebracht, aus seiner Höhle kalte, stachelige Steine auszugraben. Nach und nach hatte er aus dem Berg einen Haufen dieser Steine gelöst, der auch weiterhin wuchs, denn er liebte das kalte, prickelnde Gefühl, das ihr Anblick in ihm erweckte. Oft stand er vor diesem Haufen kalter Steine und sagte sich: »Die gehören alle mir, nur mir! Bin ich nicht reich?!«

Nun kam ihm also der Gedanke, diese kalten, stacheligen Steine mit den Swabedoodas zu teilen – als Ersatz für die kleinen, warmen, weichen, wohligen Pelzchen, die keiner von ihnen mehr weggeben wollte. Er füllte Hunderte von Säcken und trug sie ins Dorf. Als die Leute die Säcke mit den Steinen sahen, wurden sie froh und nahmen sie dankbar an. Nun hatten sie wieder etwas, was sie sich schenken konnten und was nicht so schwer herzugeben war wie die kleinen Pelzchen. Sicher, es war auch nicht so angenehm: bekam man einen

»… an diesen winzigen Anstiftungen zum Glück«

stacheligen Stein, wo man im Geheimen ein warmes Pelzchen erwartet hatte, so blieb man oft verwirrt zurück. Man erhielt zwar etwas, aber doch nicht aus voller Freundschaft, mit Wohlwollen und Wärme. Man stand dann ratlos mit zerstochenen Fingern da. Manchmal gab man auch selbst stachelige Steine, aus Vorsicht oder um sich zu rächen: »Ich habe ein weiches Pelzchen gegeben und bekam dafür nur einen stacheligen Stein. So dumm bin ich nie wieder!« – »Man weiß nie, woran man ist: jetzt ein weiches Pelzchen und im nächsten Augenblick einen stacheligen Stein!« – »Gibst du mir einen stacheligen Stein, geb ich dir auch einen.« – »Ich weiß niemals, ob meine weichen Pelzchen überhaupt geschätzt werden.«

Es war mit einem eigenartigen Gefühl verbunden, wenn man einen stacheligen Stein bekam oder einen solchen selbst hergab. Bekam ein Swabedooda ein warmes, weiches, wohliges Pelzchen, antwortete er für gewöhnlich: »Oh – ich danke dir.« Erhielt er jedoch einen kalten, stacheligen Stein, so meinte er nur: »Hm, nun gut.« Das war kürzer und viel weniger freundlich.

Wahrscheinlich wären alle Swabedoodas gern zu den alten Tagen zurückgekehrt, in denen das Schenken und Beschenktwerden mit warmen, weichen, wohligen Pelzchen noch üblich war. Manchmal dachte ein Swabedooda bei sich: »Wie schön wäre es doch, von jemandem ein warmes, weiches, wohliges Pelzchen zu bekommen! Aber dazu müsste ich mit dem Schenken beginnen.« Und in Gedanken ging er hinaus und begann, jedem seiner Bekannten ein Pelzchen zu schenken, wie in alten Tagen. Doch stets hielt ihn etwas davon zurück, es auch wirklich zu tun. »Selbst wenn ich es täte«, sagte er sich, »wäre ich noch lange nicht sicher, ob die anderen mitmachten. Und wenn sie nicht mitmachten, bliebe alles beim alten, und ich wäre der Dumme. Nein, die Welt lässt sich nicht mehr ändern! – Oder doch?« Diese bohrende Frage stieg gelegentlich in einem Swabedooda auf, wenn es ganz still um ihn herum war. Aber das kam selten vor, denn man war ja eifrig damit beschäftigt, sich zu sorgen, dass der eigene Vorrat an warmen, weichen, wohligen Pelzchen nicht plötzlich zu Ende ging. Und so blieb es kalt und stachelig zwischen den kleinen Leuten von Swabedoo.

amerikanisches Märchen

Wo Himmel und Erde sich berühren

Es war einmal ein Ehepaar, das lebte glücklich irgendwo. Die beiden liebten sich, teilten Freude und Leid miteinander. Über Jahrzehnte lebte das Ehepaar in diesem Glück, bis eines Tages …

Eines Tages las das Ehepaar miteinander in einem alten Buch. Es las, am Ende der Welt gäbe es einen Ort, an dem der Himmel und die Erde sich berührten. Dort gäbe es das große Glück, dort sei der Himmel.

Das Ehepaar beschloss, diesen Ort zu suchen. Es wollte nicht umkehren, bevor es den Himmel gefunden hätte. Das Ehepaar durchwanderte nun die Welt. Es erduldete alle Entbehrungen, die eine Wanderung durch die ganze Welt mit sich bringt. Es hatte gelesen, an dem gesuchten Ort sei eine Tür, man brauche nur anzuklopfen, hineinzugehen und schon befinde man sich beim großen Glück. Endlich fand das Ehepaar, was es suchte. Die beiden klopften an die Tür, bebenden Herzens sahen sie, wie sie sich öffnete.

Und als sie eintraten, blieben sie sofort erstaunt stehen. – Sie standen in ihrer eigenen Wohnung. Die Wohnung war so, wie sie sie verlassen hatten. Nein, nicht ganz! Da gab es eine neue Tür, die nach außen führte und jetzt offen stand.

Da begriffen sie: Der Ort, an dem Himmel und Erde sich berühren, an dem das Glück zu finden ist, dieser Ort befindet sich auf dieser Erde. Er befindet sich direkt in unserer Umgebung. Wir brauchen nur die Tür zu öffnen. Wir brauchen nur am Leben anderer teilzunehmen, andere an unserem Leben teilnehmen lassen.

Quelle unbekannt

»… an diesen winzigen Anstiftungen zum Glück«

ALTERSWEISHEITEN

Eine indische Legende erzählt von einem Heiligen, der eine goldene Krone trug: Als er in den Himmel kam und sah, dass alle anderen Heiligen juwelenbesetzte Kronen trugen, fragte er: »Warum hat meine Krone keine Juwelen?« Der Engel antwortete: »Weil du keine gegeben hast. Diese Juwelen sind die Tränen, welche die Heiligen auf Erden mitleidend vergossen haben. Du aber hast keine einzige Träne geweint.«

»Glücklich werden ist das höchste Glück, aber auch dankbar empfinden, ist ein Glück.«
Theodor Fontane (1819–1898), deutscher Dichter

»Glück und Leid sind so wie die rechte und linke Hand – man soll sich beider bedienen.«
Katharina von Siena (1347–1380), italienische Dichterin, Mystikerin und Heilige

»Ein Schmerz geht, eine Freude entsteht, sie halten sich die Waage.«
Albert Camus (1913–1960), französischer Philosoph,
Schriftsteller und Nobelpreisträger (1957)

»Das Glück trennt die Menschen, aber das Leid macht sie zu Brüdern.«
Peter Rosegger (1843–1918), österreichischer Schriftsteller

»Mit Mühen und Beschwerden wird man allein fertig. Aber Freude und Glück muss man mit jemanden teilen.«
Henrik Ibsen (1828–1906), norwegischer Schriftsteller und Dramatiker

»Im kleinsten Glück – im Blick und Duft und Lied – lebt dein Glück mittendrin.«
Rabindranath Tagore (1861–1941), indischer Philosoph und Schriftsteller

Glück und Leid

VOLKSWEISHEITEN

Wenn du zwei Brote hast, so tausche eines gegen Blumen, denn sie sind Brote für die Seele.
aus China

Du kannst nicht verhindern, dass die Vögel der Sorge und des Kummers über deinem Haupte fliegen. Doch du kannst verhindern, dass sie Nester in deinem Haar bauen.
aus China

Glück besteht in der Kunst, sich nicht zu ärgern, dass der Rosenstrauch Dornen trägt, sondern sich zu freuen, dass der Dornenstrauch Rosen trägt.
aus Arabien

Dem Fröhlichen ist jedes Unkraut eine Blume, dem Ärgerlichen jede Blume ein Unkraut.
aus Finnland

Den Vogel macht ein einfacher Zweig glücklicher als ein goldener Käfig.
aus Russland

Wenn man schlafen geht, soll man die Sorgen in die Schuhe stecken.
aus Schweden

Glück und Regenbogen sieht man nicht über dem eigenen Haus, sondern nur über den Häusern der Nachbarn.
aus Ägypten

»... an diesen winzigen Anstiftungen zum Glück«

SCHMUNZELGESCHICHTEN

Spätes Glück

Darshannanda Vyakarntirtha, 93, indischer Junggeselle, hat die Liebe seines Lebens gefunden. Der pensionierte Regierungsangestellte führte seine Auserwählte Jyotsna Bala Das, 63, im Bundesstaat Tripura vor den Traualtar. Seine Herzensdame kannte er seit 30 Jahren: Sie war seine Vermieterin. Als ihr Mann vor einem Jahr gestorben sei, habe sie die Anteilnahme ihres Mieters tief berührt, sagte die Braut. Kritik an der Heirat ließ den Bräutigam kalt: »Ich musste lange genug auf mein Glück warten.«

»Wer die Augen offen hält, dem wird im Leben manches glücken. Doch besser geht es dem, der versteht, eins zuzudrücken.«
   Johann Wolfgang von Goethe (1749–1832), deutscher Dichter und Dramatiker

»Das Glück ist keine Dauerwurst, von der man täglich eine Scheibe herunterschneiden kann.«
   Erich Kästner (1899–1974), deutscher Lyriker und Schriftsteller

»Welche Art von Tränen man auch vergießt, zum Schluss putzt man sich immer die Nase.«
   Hermann Hesse (1877–1962), deutscher Schriftsteller und Nobelpreisträger (1946)

»Kopf hoch, wenn das Wasser bis an den Mund reicht.«
   Stanislaw Jerzy Lec (1909–1966), polnischer Lyriker und Aphoristiker

Glück und Leid

SEGEN / GEBET

Bete zu Gott, aber fahre fort, ans Ufer zu rudern.
   aus Russland

Nägel mit Köpfen

Wär es nicht Glück, wenn die Kreuze der Erde
lohten als Brennholz für alle, die frieren?
Oder ist Glück, dein Glück, Gott, erkennbar
erst, seit du Nägel mit Köpfen gemacht hast,
seit inmitten der Welt dein eigenes Kreuz steht,
Kreuz aus Meridian und Äquator,
Kreuz aus Widerspruch und Lobpreisung,
Kreuz aus Ärgernis und aus Torheit,
Kreuz nicht in den Wolken, nicht im Geheimnis,
nein, hier und heute und dicht hinterm Haus?
   Rudolf Otto Wiemer (*1905), deutscher Schriftsteller und Pädagoge

»... an diesen winzigen Anstiftungen zum Glück«

Ein altes irisches Gebet

Nimm dir Zeit zum Arbeiten –
es ist der Preis des Erfolges.

Nimm dir Zeit zum Denken –
es ist die Quelle der Kraft.

Nimm dir Zeit zum Spielen –
es ist das Geheimnis ewiger Jugend.

Nimm dir Zeit zum Lesen –
es ist der Brunnen der Weisheit.

Nimm dir Zeit, freundlich zu sein –
es ist der Weg zum Glück.

Nimm dir Zeit zum Träumen –
es bringt dich den Sternen näher.

Nimm dir Zeit zu lieben und geliebt zu werden –
es ist das Privileg der Götter.

Nimm dir Zeit, dich umzuschauen –
der Tag ist zu kurz, um selbstsüchtig zu sein.

Nimm dir Zeit zum Lachen –
es ist die Musik der Seele.

IDEENBÖRSE

1. *Kehrseite einer Medaille*

❖ Glück und Leid – die Kehrseiten einer Medaille. Alle erhalten eine große Medaille aus Pappkarton: vorne steht GLÜCK, hinten LEID. Sie tragen jeweils Erinnerungen, Erlebnisse, Erfahrungen von Glück und Leid mit einem »Stichwort« ein.
❖ Im Paar- bzw. Kleingruppengespräch werden die Stichworte mit ihren jeweiligen »Hintergrundgeschichten« ausgetauscht.
❖ Abschließend wird im großen Kreis über Glück und Leid im täglichen Leben der (alten) Menschen gesprochen.

2. *Reportage »Hans im Glück«*

❖ Das Leitungsteam liest das Grimmsche Märchen von »Hans im Glück« vor. Alle können sich spontan äußern.
❖ Es werden Interessengruppen gebildet, die das Märchen »medienwirksam« gestalten:
Gruppe 1 schreibt eine Reportage im Boulevard-Stil
Gruppe 2 führt ein Interview mit »Hans im Glück«
Gruppe 3 übersetzt das Märchen in die heutige Zeit
Gruppe 4 macht ein Hörspiel (für technisch Begabte)

»... an diesen winzigen Anstiftungen zum Glück«

3. »Wunschlos glücklich«

- Gemeinsam wird eine Wunschliste »Glück« von A bis Z erstellt: Was braucht der Mensch »zum Glück«? Zu den einzelnen Anfangsbuchstaben können Ideen, Vorschläge, Erfahrungen persönlich eingetragen oder durch Zuruf vom Leistungsteam aufgegriffen werden (z.B.: A: Arbeitsplatz, Ausflug; B: Besuch, gute Betreuung usw.)
- Die Wunschliste wird kritisch nach Wertigkeit überprüft und eventuell geordnet.
- Abschließend wird der Wunsch nach »wunschlos glücklich« zur Diskussion gestellt: »Was wäre, wenn wir keine Wünsche mehr hätten ...?«

KAPITEL 7
»... bleibt nur der Weg nach oben«
Glaube und Unglaube

Angst und Zweifel

Zweifle nicht
an dem
der dir sagt
er hat Angst

aber hab Angst
vor dem
der dir sagt
er kennt keinen Zweifel

> Erich Fried (1921–1988),
> österreichischer Lyriker und Schriftsteller

Selbst die Alten sind nicht mehr die Alten. Lange Zeit, eigentlich bis in unsere Tage, glaubten die Kirchen fest daran, auf die Alten sei Verlass: Sie seien fromm und gläubig, und sie blieben es bis an ihr Lebensende. Selbst wenn der eine sich zuvor kirchenkritisch geäußert oder die andere sich gar kirchlich distanziert gezeigt hätte, mit dem Alter würden die Menschen schon wieder reumütig in den Schoß der Mutter Kirche zurückkehren. »Mit dem Alter kommt der Psalter«, so der Volksmund über eine solch späte Rückbesinnung und Bekehrung.

Inzwischen hat sich dieser kirchliche Glaube als Irrglaube oder zumindest als »frommer Wunsch« erwiesen. Zwar sind die Alten bei Kirchenbesuch und Gemeindeversammlung nach wie vor überproportional vertreten. Aber das Bild von der ungebrochenen Glaubenskraft und der unerschütterlichen Kirchentreue der Alten trügt: Auch diese einst angeblich so »pflegeleichte« Altersgruppe hat längst ihr erkennbares Glaubensprofil verloren.

Eine konstante, unangefochtene Religiosität über die gesamte Lebensspanne hinweg wird mehr und mehr zur Ausnahme. Was früher selbstverständlich war, verliert seine »Verständlichkeit« und damit auch seine Plausibilität – nicht zuletzt für die Alten. Ihre Glaubensbiografien sind ebenso wie die der Jüngeren von markanten, ja einschneidenden Lebensereignissen beeinflusst, wie etwa Geburt oder Verlust eines (Enkel-)Kindes, Trennung/Scheidung oder Wiederverheiratung, Krankheit oder Tod eines nahen Angehörigen. Einst verdrängte oder selten zugelassene Fragen und Zweifel stellen sich spätestens an solchen Schnittstellen des Lebens ein. Das führt bei vielen zu einem »Glaubensbruch«: Zum einen zum Zusammenbruch des naiven Glaubensverständnisses aus der Kindheit, zum anderen – möglicherweise – zum Aufbruch in einen wachen »erwachsenen« Glauben, der zusehends aufkommende Verunsicherungen und Fragwürdigkeiten, Zweifel und Verzweiflungen zulässt und aushält.

Denn die »großen« Sinnfragen stellen sich – dringlicher und bedrängender denn je – in der zweiten Lebenshälfte, wo das Leben

»... bleibt nur der Weg nach oben«

sich im Rückblick verlängert und im Ausblick verkürzt. Auf die Frage, was das Leben *vor* und *nach* dem Tod zu guter Letzt ausmacht, kommen viele Menschen im Alter (wieder) zurück. Nur sind diese Fragen, mehr noch ihre Antwortversuche kaum mehr eingebettet in traditionelle Ausdrucksformen christlichen Glaubens und kirchlichen Lebens. Wo der Glaube jedoch ähnlich wie das Leben mehr und mehr zur reinen Privatsache erklärt wird, kann über so lebenswichtige »Dinge« wie Sehnsüchte und Wünsche an das verbleibende Leben bzw. Ängste und Befürchtungen über »verlorenes« Leben kaum offen kommuniziert werden. In Fragen von Glaube (und »Unglaube«) bleiben beide Kirchen mit Blick auf die Nöte und Sorgen der Alten so manche Antwort schuldig.

Aber die Menschen werden Zeit ihres Lebens nicht fertig mit dem Leben, ebenso wenig mit dem Glauben. Und sie werden zeitlebens *vor* Gott nie fertig und *mit* Gott nie fertig!

Staune

dass du bist
erlebe die welt
als wunder
jedes blatt hat sein
geheimnis
jeder grashalm bleibt
ein rätsel

verlerne das staunen nicht
wenn man dir eintrichtert
wie normal und
einfach alles ist

    Günter Ullmann (*1946), deutscher Dichter und Kinderbuchautor

GESCHICHTEN

> »Wenn alle Wege verstellt sind, bleibt nur der Weg nach oben.«
> *Franz Werfel (1890–1945), österreichischer Schriftsteller*

Kaum eine Lebens- und Glaubensbiografie bleibt ohne Brüche. Ein- und Abbrüche, aber auch Auf- und Durchbrüche kennzeichnen die Lebens- und Glaubensläufe der Menschen. Darauf macht beispielsweise das kurze »Glaubensgespräch« aus dem berühmten Roman »Alexis Sorbas« aufmerksam. Gläubig hoffend als Kind, den Glauben über Bord werfend als junger Mensch, zum Glauben zurückkehrend als Älterer. »Was für ein komisches Geschöpf ist doch der Mensch!«

Vom Durst, vom Lebens- und Glaubensdurst der Menschen erzählt die indische Geschichte. Wer durstig ist, wird das Wasser suchen, bis er zur Quelle findet. Niemand muss dahin gezwungen werden. Der Mensch wird selbst entscheiden. Sein Durst wird ihn bewegen, ihn aufbrechen lassen. »Sie werden kommen, alle bis zum letzten«.

Von der Glaubenskraft und Glaubensfreude dreier »ganz einfacher« Menschen berichtet die dritte Erzählung. Zwar können die Fischer nicht »richtig« beten – nicht einmal das Vaterunser kennen sie –, aber ihre Glaubensüberzeugung überzeugt selbst den Bischof. Vor diesem Glauben wird er ganz demütig: »Geht nach Hause zurück ...« Die kleinen Leute sind Gott oft näher als die großen Klugen.

Wie ein Kind

Die Sterne leuchteten, groß wie Engel, über der schneeweißen Kuppel der Kirche, die Milchstraße ergoss sich von einem Ende des Himmels zum andern, ein grüner Stern funkelte wie ein Smaragd über uns.

»Glaubst du«, sagte Sorbas, »dass Gott Mensch wurde und in einem Stall zur Welt kam?«

»Darauf kann man schwer etwas antworten, Sorbas. Ich glaube es und glaube es auch nicht. Und du?«

»Was soll ich dir sagen! Wie soll sich da einer auskennen? Als ich noch ein kleiner Bengel war und meine Großmutter mir Märchen erzählte, hielt ich alles für Unsinn. Und doch zitterte ich und lachte und weinte, als ob ich es glaubte. Als mir dann der Bart wuchs, warf ich alle diese Märchen zum alten Eisen und machte mich sogar lustig darüber. Aber jetzt, auf meine alten Tage, bin ich wie ein Kind geworden und glaube wieder daran ... Was für ein komisches Geschöpf ist doch der Mensch!«

Nikos Kasantzakis (1833–1957), griechischer Schriftsteller

Durst

Einst traf ich in einem bengalischen Dorf zwei Asketen einer religiösen Sekte. »Könnt ihr mir sagen«, fragte ich sie, »worin das Besondere eurer Religion besteht?« Nach einigem Zögern antwortete der eine: »Es ist schwer, das zu erklären.« Der andere sagte: »Nein, es ist ganz einfach. Wir halten dafür, dass wir zuerst unsere eigene Seele kennen lernen müssen, unter der Leitung eines geistlichen Lehrers, und wenn wir das getan haben, können wir Ihn, der die höchste Seele ist, in uns finden.« –

»Warum predigt ihr nicht allen Menschen auf der Welt eure Lehre?«, fragte ich. »Wer durstig ist, wird schon von selbst zum Fluss kommen«, war seine Antwort. »Aber wie ist es damit, findet ihr, dass dies geschieht? Kommen sie von selbst?«

Der Mann lächelte milde, und ohne den leisesten Hauch von Ungeduld und Besorgnis erwiderte er zuversichtlich: »Sie werden kommen, alle bis zum Letzten.«

Rabindranath Tagore (1861–1941), indischer Dichter und Philosoph

Wir heben die Augen zum Himmel ...

Als das Schiff des Bischofs für einen Tag an einer fernen Insel anlegte, beschloss er, diesen Tag so gut wie möglich zu nutzen. Er schlenderte am Strand entlang und traf drei Fischer, die ihre Netze flickten. In Pidgin-Englisch erklärten sie ihm, dass sie vor vielen Jahrhunderten von Missionaren christianisiert worden waren.

»Wir Christen!«, sagten sie und zeigten stolz auf sich. Der Bischof war beeindruckt. Kannten sie das Vaterunser? Davon hatten sie noch nie gehört. Der Bischof war schockiert. Wie konnten diese Männer behaupten, Christen zu sein, wenn sie nicht so etwas Grundlegendes wie das Vaterunser kannten? »Was sagt ihr also, wenn ihr betet?« – »Wir heben Augen zu Himmel. Wir beten: ›Wir sind drei, du bist drei, sei uns gnädig.‹« Der Bischof war bestürzt über dieses primitive, ja zu-tiefst ketzerische Gebet. So verbrachte er den ganzen Tag damit, sie das Gebet des Herrn zu lehren. Die Fischer lernten schwer, aber sie strengten sich an, und ehe der Bischof am nächsten Tag die Segel setzte, hörte er befriedigt, wie sie das ganze Gebet fehlerfrei aufsagten.

Monate später passierte das Schiff des Bischofs zufällig wieder diese Inseln. Als er auf dem Deck betend hin und her ging, erinnerte er sich mit Freuden daran, dass es auf jener fernen Insel drei Männer gab, die dank seiner geduldigen Bemühungen nun korrekt beten

»... bleibt nur der Weg nach oben«

konnten. Als er gedankenvoll aufblickte, sah er im Osten einen hellen Fleck. Das Licht kam auf das Schiff zu, und als der Bischof verwundert hinsah, erkannte er drei Gestalten, die sich auf dem Wasser dem Schiff näherten. Der Kapitän stoppte, alle Matrosen beugten sich über die Reling, um das erstaunliche Ereignis zu sehen. Als sie so nah waren, dass man sie verstehen konnte, erkannte der Bischof seine drei Freunde, die Fischer. »Bischof!«, riefen sie, »wir so froh, dich zu sehen. Wir hören, dein Boot an Insel vorbeifahren, wir schnell kommen, dich zu treffen.« »Was wollt ihr?«, fragte der Bischof ehrfürchtig. »Bischof«, sagten sie, »wir sind sehr traurig. Wir vergessen schönes Gebet. Wir sagen: Unser Vater im Himmel geheiligt sei dein Name, dein Reich komme ... dann wir vergessen. Bitte sagen uns ganzes Gebet noch einmal.« Demütig sagte der Bischof: »Geht nach Hause zurück, gute Leute, und sagt, wenn ihr betet: ›Wir sind drei, du bist drei, sei uns gnädig!‹«

Ich habe oft alte Frauen beobachtet, die in der Kirche endlose Rosenkränze beten. Wie soll Gott wohl durch dieses unzusammenhängende Gemurmel gepriesen werden? Aber jedes Mal, wenn ich in ihre Augen oder empor gewandten Gesichter sehe, weiß ich in meinem Herzen, dass sie Gott näher sind als viele kluge Leute.

Anthony de Mello (1931–1987), indischer Theologe (Jesuit),
Psychologe und Schriftsteller

ALTERSWEISHEITEN

Als Gott die Welt schuf, fragte er die Tiere nach ihren Wünschen. Er hörte sie alle an und erfüllte ihre Wünsche. Als die Menschen davon erfuhren, wurden sie unwillig, weil sie nicht gefragt wurden. Wir können mit dieser deiner Welt nicht zufrieden sein, stellten sie hart und unmissverständlich fest. Das sollt ihr auch nicht, erwiderte Gott. Eure Heimat ist nicht diese Erde, nur die Überraschungen der Ewigkeit allein. Seitdem, so schließt die Legende, tragen die Tiere ihre Augen zur Erde, der Mensch aber geht aufrecht und schaut zum Himmel.

Legende aus dem Mittelalter

»Das eigentliche, einzige und tiefste Thema der Welt- und Menschheitsgeschichte, dem alle anderen untergeordnet sind, bleibt der Konflikt des Unglaubens und Glaubens.«

Johann Wolfgang von Goethe (1749–1832), deutscher Dichter und Dramatiker

»Menschen, die aus der Hoffung leben, sehen weiter.
Menschen, die aus der Liebe leben, sehen tiefer.
Menschen, die aus dem Glauben leben,
sehen alles in einem anderen Licht.«

Lothar Zenetti (*1926), deutscher Schriftsteller und katholischer Pfarrer

»Ich bin manchmal ein religiöser Mensch,
weil ich das Bedürfnis habe,
dankbar zu sein, und weiß nicht, warum.«

Peter Handke (*1942), österreichischer Schriftsteller

»... bleibt nur der Weg nach oben«

»Ich kann alles glauben,
vorausgesetzt, dass es unglaublich ist.«
    Oscar Wilde (1854–1900), anglo-irischer Schriftsteller

»Wir könnten gottlos werden,
aber Gott wird nicht menschlos,
und darum sind wir Gott nicht los.«
    Ulrich Schaffer (*1942), deutscher Schriftsteller und Fotograf

»Fischer mit Segelbooten glauben eher an Gott
als Fischer mit Motorbooten.«
    Bertrand Russel (1872–1970), walisischer Philosoph,
    Schriftsteller und Nobelpreisträger (1950)

»Früher fragten mich die Leute,
wie es sein könne,
dass ich *nicht mehr* in der Kirche bin.
Heute fragen mich noch weit mehr,
wie es sein könne,
dass ich *wieder* in der Kirche bin.«
    Peter Seewald (*1954), deutscher Journalist und Schriftsteller

»Dass wir Gott ahnen,
ist nur ein unzulänglicher Beweis für sein Dasein.
Ein stärkerer ist, dass wir fähig sind,
an ihm zu zweifeln.«
    Arthur Schnitzler (1862–1931), österreichischer Schriftsteller

Glaube und Unglaube

VOLKSWEISHEITEN

Wo immer zwei Menschen sich treffen, liegt Jahwe im Staub.
aus Israel

Wer alles glaubt, hat keinen Glauben.
aus Schweden

Gott gibt jedem Vogel seine Nahrung,
wirft sie aber nicht ins Nest.
aus Holland

In schwarzer Nacht auf schwarzem Stein
eine schwarze Ameise. Gott sieht sie.
aus Arabien

Wer Gott kennt, beschreibt ihn nicht;
wer Gott beschreibt, kennt ihn nicht.
aus Syrien

Glauben heißt: durch den Horizont blicken.
aus Ghana

Wo Brot auf dem Tisch liegt,
wird jeder Tisch zum Altar.
aus Russland

»... bleibt nur der Weg nach oben«

SCHMUNZELGESCHICHTEN

Bete und arbeite

Abraham a Santa Clara, der berühmte Wiener Hofprediger, sprach einmal über das Thema: Bete und arbeite! Einige Tage später kam ein junger Mann zu ihm und erklärte: »Ich kam bei Ihren Ausführungen nicht ganz mit. Können Sie mir die Richtigkeit Ihrer Behauptungen beweisen?« Statt einer langen Erklärung führte ihn der Hofprediger an einen kleinen See, bestieg mit ihm einen Kahn und ruderte los. Nach einer Weile, Abraham a Santa Clara hatte immer noch nichts gesagt, rief der junge Mann: »Wir bewegen uns ja dauernd im Kreise. Sie müssen nicht mit einem, sondern mit zwei Riemen rudern, wenn wir vorankommen wollen!« »Du hast recht«, schmunzelte der Gelehrte, »sieh, das rechte Ruder heißt arbeiten, das linke beten. Wer das nicht kapiert, kommt niemals vom Fleck.«

»Ach, das waren noch gute Zeiten,
als ich noch alles glaubte, was ich hörte!«
  Georg Christoph Lichtenberg (1742–1799), deutscher Physiker und Schriftsteller

»Der wahre Christ hat drei Eigenschaften:
Er ist furchtlos, immer in Schwierigkeiten und unsagbar glücklich.«
  Mahatma Gandhi (1869–1948), indischer Philosoph und Politiker

Glaube und Unglaube

SEGEN / GEBET

»Die Worte, die wir zu Gott sagen,
sie können leise und arm und schüchtern sein.
Wenn sie nur von Herzen kommen. Dann hört sie Gott ...«
   Karl Rahner (1904–1984), deutscher Theologe und Jesuit

Bleibe bei uns, Herr, denn es will Abend werden,
und der Tag hat sich geneigt.
Bleibe bei uns und bei deiner ganzen Kirche.
Bleibe bei uns am Abend des Tages,
am Abend unseres Lebens, am Abend der Welt.
Bleibe bei uns mit deiner Gnade und Güte,
mit deinem Wort und Sakrament,
mit deinem Trost und Segen.
Bleibe bei uns, wenn über uns kommt
die Nacht der Trübsal und Angst,
die Nacht des Zweifels und der Anfechtung,
die Nacht der Armut und Flucht,
die Nacht der Einsamkeit und Verlassenheit,
die Nacht der Krankheit und Schmerzen,
die Nacht des bitteren Todes.
Bleibe bei uns und bei all deinen Gläubigen
in Zeit und Ewigkeit.
   John Henry Newman (1801–1890),
   anglikanischer, später katholischer Theologe und Kardinal

»... bleibt nur der Weg nach oben«

IDEENBÖRSE

1. »Herr, ich glaube. Hilf meinem Unglauben!«

- ❖ Ausgangspunkt ist das bekannte Wort des Apostels Thomas, auch »der Ungläubige« genannt. Bevor er glaubt, will er erst die Hand in die offene (Seiten-)Wunde seines Herrn legen. In seiner Ungewissheit will er Vergewisserung – wie vielleicht viele Menschen heute.
- ❖ Das Leitungsteam liest die entsprechende Begegnungsgeschichte »Jesus und Thomas« (Joh 20,24–29) vor. Die Zuhörer äußern sich spontan.
- ❖ Der Text wird vergrößert in entsprechender Zahl zusammen mit einem Bleistift ausgeteilt. Alle können nun den Text nochmals nachlesen und einen Satz unterstreichen, der sie in ihrer Lebens- und Glaubenssituation besonders anspricht.
- ❖ Die Sätze werden vorgelesen und ihre Auswahl begründet. Welche Sätze werden am meisten genannt? Was sind die Motive und Gründe?
- ❖ Zum Abschluss wird der Text – mit besonderer Betonung der genannten Sätze – nochmals vorgelesen.

2. Ich glaube – ich glaube nicht

- ❖ Auf grüne bzw. rote Kärtchen wird geschrieben, was die Einzelnen glauben (grün) bzw. was sie nicht glauben (rot).

Beispiel
Ich glaube an ein Leben nach dem Tode.
Ich glaube nicht an die Hölle.

Glaube und Unglaube

Es geht dabei um persönliche Glaubensüberzeugungen, nicht um Katechismussätze.
- Die »(Un-)Glaubensbekenntnisse« werden in Partner- bzw. Kleingruppengesprächen ausgetauscht und besprochen. Anschließend verständigt sich das Paar bzw. die Gruppe jeweils auf drei bis vier Aussagen zu Glaube bzw. »Unglaube«.
- Die Gruppen teilen ihre Bekenntnisse mit und begründen sie. Daraus wird sich eine spannende Diskussion über Glaube bzw. Unglaube entwickeln.
- Zum Abschluss kann aus den Aussagen ein gemeinsames Glaubensbekenntnis formuliert werden.

3. Mein Glaubensweg

- Auf die freie Rückseite eines Plakates oder auf einem Plakatkarton können alle ihren Glaubensweg mit wegweisenden Glaubensstationen (grüner Stift) bzw. »Unglaubensstationen« (roter Stift) aufmalen. Ruhige Hintergrundmusik lädt zu nachdenklichem Schweigen ein.
- In Partner- bzw. Kleingruppengesprächen wird über die unterschiedlichen Glaubenswege gesprochen: Über Umwege, Abwege, Irrwege wie über Rückwege und neue Zuwege.

Im großen Kreis wird *nicht* über die persönlichen Glaubenswege gesprochen, wohl aber über die Erfahrungen mit der Malübung und über die Ergebnisse der Partner- bzw. Gruppengespräche.

»... bleibt nur der Weg nach oben«

KAPITEL 8
»... täglich mit dem Leben rechnen«
Leben und Tod

Vigil

Ich glaube, dass jeder Mensch
mit einer unerfüllten Sehnsucht
von dieser Erde scheidet.
Aber ich glaube auch,
dass die Treue zu dieser Sehnsucht
die Erfüllung unseres Lebens ist.

Christine Busta (1915–1987), österreichische Lyrikerin

Ein langes, erfülltes Leben – das wünschen wir uns gegenseitig bei Geburtstagen und Jubiläen. Ersteres hat sich bereits erfüllt: Seit etwa 160 Jahren steigt die Lebenserwartung Dank des Fortschritts in der medizinischen Forschung Jahr für Jahr um rund drei Monate.

Der angebliche Erfolg des verlängerten Lebens zeigt jedoch heute eher seine Schattenseiten: Vor allem im hohen Alter sind so manche Lebenssituationen nur schwer mit der Menschenwürde zu vereinbaren. Die Frage nach einem menschenwürdigen Leben *und* Sterben ist auch in unserer fortschrittlichen Zeit noch nicht beantwortet. Statt ständig das Leben verlängern zu wollen, sollte vielmehr die Lebensqualität verbessert werden. Nach einem langen *und* vor allem erfüllten Leben »gesund« zu sterben – das ist für viele der letzte Wunsch. »Das Zeitliche segnen«, sagte man früher, wenn die Lebenszeit eines Menschen sich erfüllt hatte.

Denn nichts ist so sicher in unserem Leben wie der Tod. Seit alters her werden die Menschen deshalb die »Sterblichen« genannt – in Unterscheidung und Abgrenzung zu den »Unsterblichen«, den Göttern. Wir Menschen müssen sterben: »Mitten im Leben sind wir vom Tod umfangen«, heißt es in einem mittelalterlichen Lied. Kaum jemand möchte gerne sterben, die meisten wollen noch weiter leben – auch die Hochbetagten. Vielleicht tun wir uns deshalb so schwer mit Sterben und Tod. Sie sind schlicht und einfach »Tabu«, aus dem alltäglichen Leben ausgebürgert, uns fremd geworden und unheimlich dazu. Aber können wir so (weiter) leben, als ob es das Sterben nicht gäbe?

Alter und Tod liegen nahe beieinander. Dass alte Menschen jedoch friedlich und ergeben auf den Tod warten, ist »fromme Mär« vergangener Tage. Auch sie kennen Todesängste und die ganz konkrete Furcht vor dem Sterben; auch sie verdrängen oft genug den Tod bis in die letzte Stunde. »Die Angst vor dem Tod ist die Angst vor dem, was nach ihm kommt«, so der deutsche Philosoph Karl Jaspers (1883–1969). In einer Gesellschaft, die nicht mehr selbstverständlich christ-

»... täglich mit dem Leben rechnen«

lich geprägt ist, bleibt die Frage mehr denn je offen, was nach dem Tod ist.

Auch Christen stellt sich diese Frage; auch Christen bleibt sie vorerst unbeantwortet. Aber sie haben begründete Hoffnung auf »Antwort«. Für sie ist Leben letztlich ein Geschenk Gottes – sozusagen »göttliche Leihgabe«. Diese *Gabe* ist *Aufgabe*: das Leben in der Spanne von Geburt bis zum Tod verantwortlich zu gestalten. Und sie ist zugleich *Übergabe:* sein Leben im Sterben dem Schöpfer allen Lebens anzuvertrauen.

In der Tat, damit steht und fällt der Glaube der Christen. Dass wir nicht im Tod bleiben, sondern durch den Tod zum (ewigen) Leben kommen. Wie wir im Leben immer wieder aufstehen zum erneuten Leben, so werden wir im Sterben auferstehen zu neuem Leben. Der Tod ist nicht das Letzte – im Doppelsinn des Wortes.

Woher wüssten wir, wie wir leben sollen,
wenn wir nicht an etwas glaubten, das größer ist als wir?
Wer würde uns lehren zu leben?
Wer sagt dem Baum, wann die Zeit kommt,
seine kleinen Blätter auszutreiben?
Wer sagt diesen Drosseln da, dass es warm geworden ist
und sie wieder nach Norden fliegen können?
Vögel und Bäume hören auf etwas, das weiser ist als sie.

Wir sind wie die Blumen. Wir leben und wir sterben,
und aus uns selbst wissen wir nichts.
Aber das, was größer ist als wir, lehrt uns –
lehrt uns, wie wir leben sollen.

Chiparopia, Yuma-Indianerin

GESCHICHTEN

> »Bilden wir unseren Geist, als sei der letzte Tag nahe.
> Nicht aufschieben, täglich mit dem Leben rechnen.«
>
> Seneca (4 v.Chr.–65 n.Chr.), römischer Politiker, Philosoph und Dichter

Wie man gelebt hat, so stirbt man, weiß eine alte Volksweisheit. So auch die Lebensweise des armen Holzhackers im armenischen Märchen. Glücklich und zufrieden lebten er und seine Frau – sehr zum Ärgernis des Königs und seines Hofstaates. Als angeblich ihre letzte Stunde geschlagen hat, feiern sie ein großes Fest. So wie sie »es gut gehabt« haben in ihrem Leben, so wollen sie sich »glücklich und in Frieden« aus dem Leben verabschieden. Ihre Rettung erfolgt in letzter Minute.

Dagegen verliert der arme Bauer in Tolstois Erzählung sein Leben, weil er nicht genug davon haben kann und mehr Land gewinnen will als er eigentlich braucht. Bis zur tödlichen Erschöpfung zieht er einen immer größeren Kreis – und kreist dabei nur um sich selbst. Habgier bezahlt man mit seinen Leben.

Nicht anders ergeht es den Weggenossen des Todes auf ihrem Weg zum anderen Ufer: Der Geizhals, der Rennfahrer, der Ordensträger, viele Reiche und viele Arme – sie alle wollen im Leben noch mehr erreichen. Allein der Gänsehirt kann sein Leben lassen und dem Tod bereitwillig folgen.

»... täglich mit dem Leben rechnen«

Lasst uns ein Fest feiern!

Es war einmal ein armer Holzhacker, der lebte glücklich und zufrieden mit seiner Familie in einem kleinen Hause am Rande des Waldes. Obgleich er sich mit Holzfällen nur mühsam sein tägliches Brot verdiente, klang nach Feierabend für gewöhnlich Lachen und Singen aus dem kleinen Haus, so dass die Leute sich verwunderten.

Eben dies aber ärgerte den König des Landes, dessen Weg zum Schloss ihn täglich am kleinen Haus vorbeiführte. »Was haben Tagelöhner zu lachen?«, fragte er grimmig und schickte eines Tages seinen Diener mit einer Botschaft zum Holzhacker: »Mein Herr und König befiehlt dir, bis morgen früh fünfzig Säcke Sägemehl bereitzustellen. Wenn du das nicht vermagst, sollst du samt deiner Familie umkommen.«

»Ich vermag es ganz gewiss nicht«, klagte der arme Holzfäller. Seine Frau jedoch tröstete ihn: »Lieber Mann, wir haben es gut gehabt in unserem Leben. Wir hatten Freude aneinander und mit unseren Kindern und versuchten, auch andere daran teilhaben zu lassen. Es ist wahr, wir vermögen die Säcke nicht zu füllen. Deshalb lass uns auch in dieser Nacht ein Fest feiern mit unseren Kindern und Freunden zusammen. Wie wir gelebt haben, so wollen wir auch sterben.«

Und so feierten die armen Leute im kleinen Holzfällerhaus ihr schönstes und glücklichstes Fest.

Traurigkeit überkam sie, als die Morgenröte am Horizont aufstieg. »Nun ist es aus mit uns«, klagte die Frau. »Lass gut sein«, tröstete sie ihr Mann. »Es ist besser, glücklich und in Frieden zu sterben, als ein Leben in Traurigkeit und Angst zu verbringen.«

Da klopfte es an die Türe. Der Holzfäller öffnete weit, um den erwarteten Diener des Königs einzulassen. Zögernd trat der Hofbeamte näher und sagte nach einer kurzen Stille: »Holzhacker, stell zwölf eichene Bretter bereit für einen Sarg. Der König ist in dieser Nacht gestorben.«

armenisches Märchen

Wie viel Erde braucht der Mensch?

Einem armen Bauern, der kaum das Nötigste zum Leben hat, wird eines Tages ein unerwartetes Glück zuteil. Ein reicher Grundbesitzer erlaubt ihm, so viel Land als Eigentum zu erwerben, wie er in der Zeitspanne zwischen Sonnenaufgang und -untergang zu Fuß abschreiten kann. Die einzige Bedingung: Er muss, wenn die Sonne untergeht, genau an dem Punkt angekommen sein, an dem er morgens aufgebrochen ist.

Zunächst ist der arme Bauer überglücklich, weil er bei weitem nicht den ganzen Tag brauchen wird, um so viel Land zu umwandern, wie er zu einem reichlichen Lebensunterhalt braucht. So geht er frohen Mutes los, ohne Hast, ohne Eile mit ruhigem Schritt. Doch dann kommt ihm der Gedanke, diese einmalige Chance auf jeden Fall auszunützen und so viel Boden wie nur eben möglich zu gewinnen. Er malt sich aus, was er alles mit dem neu gewonnenen Reichtum anfangen kann. Sein Schritt wird schneller, und er orientiert sich am Stand der Sonne, um nur ja nicht den Zeitpunkt zur Rückkehr zu verpassen. Er geht in einem großen Kreis weiter, um noch mehr Land zu erhalten. Dort will er noch einen Teich hinzubekommen, hier eine besonders saftige Wiese und da wiederum ein kleines Wäldchen. Sein Schritt wird hastig, sein Atem wird zum Keuchen, der Schweiß tritt ihm auf die Stirn. Endlich, mit letzter Kraft, ist er am Ziel angekommen: Mit dem letzten Strahl der Sonne erreicht er den Ausgangspunkt, ein riesiges Stück Land gehört ihm – doch da bricht er vor Erschöpfung zusammen und stirbt; sein Herz war der Belastung nicht gewachsen. Es bleibt ihm ein winziges Stück Erde, in dem er beerdigt wird; mehr braucht er jetzt nicht mehr.

Leo Tolstoi (1828–1910), russischer Schriftsteller

»... täglich mit dem Leben rechnen«

Der Tod und der Gänsehirt

Einmal kam der Tod über den Fluss, wo die Welt beginnt und endet. Dort lebte ein armer Hirt, der eine Herde weißer Gänse hütete. »Du weißt, wer ich bin, Kamerad?«, fragte der Tod.

»Ich weiß, wer du bist, du bist der Tod. Ich sah dich oft auf der anderen Seite des Flusses, ich kenne dich so gut, dass du mir wie ein Bruder bist.«

»Dann weißt du, dass ich hier bin, um dich zu holen und mitzunehmen auf die andere Seite des Flusses.«

»Ich weiß es.«

»Du fürchtest dich?«

»Nein«, sagte der Hirt, »ich habe immer auf die andere Seite des Flusses geschaut, ich kenne sie. Nur meine Gänse werden dann allein sein.«

»Ach«, sprach der Tod, »ein anderer Hirt wird kommen.«

»Dann ist auch das so in Ordnung«, sagte der Hirt.

»Nun, ich werde dir noch ein wenig Zeit lassen. Wünsche dir etwas, was ich dir geben werde.«

»Ach«, sprach der Hirt, »ich habe immer alles gehabt, was ich brauchte. Eine Jacke, eine Hose und einiges zu essen. Mehr habe ich nie gewollt. Ich hatte ein glückliches Leben. Ich kann die Flöte spielen.«

Nun gut, der Tod ging weiter, denn er hatte noch einige andere in der Welt abzuholen, und kam nach einer Weile wieder. Hinter ihm gingen viele. Ein Reicher war dabei, ein Geizhals, der nun alles verloren hatte, woran er gehangen hatte: wertvolles und wertloses Zeug, Klamotten, Akten, Gold und Häuser. Er jammerte und zeterte, denn nun hatte er nichts als sein Hemd. »Fünf Jahre noch. Fünf verdammte, kurze Jahre, und ich hätte die ganze Stadt besessen ...«

Dann war da ein Rennfahrer. Er wurde kurz vor dem Ziel vom Tod abgeholt. Er hatte sein Leben lang trainiert, um den großen Preis von

Monte Carlo zu holen. Er fluchte und schrie: »Fünf Minuten haben mir gefehlt. Fünf lächerliche Minuten, was bedeuten die schon in der Ewigkeit, und ich wäre der größte Rennfahrer aller Zeit gewesen.«

Ein Berühmter war dabei, dem noch ein Orden gefehlt hat, für den er sein ganzes Leben aufgewendet hatte.

Schöne Fräuleins mit langen Haaren waren da, Reiche und Arme. Ein Armer war froh, dass sein armseliges Leben zu Ende war. Die anderen jammerten, weil sie lieber reich gewesen wären.

Ein alter Mann war freiwillig mitgegangen, denn ihm hatte das Leben nie so recht gefallen. Nun wollte er wissen, wie es danach sein wird.

Als der Tod dem Gänsehirten die Hand auf die Schulter legte, stand dieser fröhlich auf und ging mit ihm mit, als habe er seinen Bruder getroffen.

Nur die Flöte hätte er gerne mitgenommen, aber das war dann nicht nötig, denn die Töne, die er einst gespielt hatte, waren hinter dem Fluss ewig zu hören.

Janosch (*1931), deutscher Maler, Illustrator und Dichter

ALTERSWEISHEITEN

Shoma, der buddhistische Mönch, liegt im Sterben. Seine Schüler kommen zu ihm und sagen: »Meister, wenn du gestorben bist, werden wir dir einen großen Stein auf dein Grab setzen.« Der schaut sie lange an, lächelt und sagt: »Ich werde nicht unter dem Stein liegen.«

»Ich bin sehr alt. Vor zehn Jahren habe ich öfter über den Tod geschrieben, heute fühle ich seine Präsenz. Ich habe mich in den letzten Jahren allmählich daran gewöhnt, dass er eines Tages kommt. Ich würde nicht sagen, dass ich ihn fürchte.«
George Tabori (* 1914), englischer Schauspieler,
Regisseur und Dramatiker ungarischer Herkunft

»Viele Menschen wollen nicht über den Tod nachdenken, vielleicht die meisten. Ich bin in Film und Fernsehen schon hundert Tode gestorben, und um das glaubhaft zu spielen, musste ich mich wohl oder übel damit beschäftigen. Der Schock, die Schwierigkeiten werden bleiben, aber diese Erfahrungen werden es mir vielleicht ein bisschen leichter machen.«
Mario Adorf (*1930), deutscher Schauspieler

»Es gibt zwei Wege, das Leben zu verlängern, erstens, dass man die beiden Punkte geboren und gestorben weiter voneinander bringt und also den Weg länger macht – in diesem Fach haben einige unter den Ärzten sehr viel geleistet. Die andere Art ist, dass man langsamer geht und die beiden Punkte stehen lässt, wo Gott will.«
Georg Christoph Lichtenberg (1742–1799), deutscher Physiker und Schriftsteller

»Das, was dem Leben Sinn verleiht, gibt auch dem Tod Sinn.«
Antoine de Saint-Exupéry (1900–1944), französischer Schriftsteller und Pilot

Leben und Tod

»Den Tod fürchten die am wenigsten,
deren Leben den meisten Wert hat.«

Immanuel Kant (1724–1804), deutscher Philosoph

»Es ist nicht abzusehen, was die Menschen zu glauben imstande sein werden, sobald sie einmal den Tod aus der Welt geschafft haben.«

Elias Canetti (1905–1994), deutschsprachiger Schriftsteller und Nobelpreisträger (1981)

»Barmherzigkeit Gottes ist es, dass der Mensch seine Todesstunde nicht kennt.«

Augustinus (354–430), Kirchenvater, Bischof und Heiliger

»Oft an den Tod denken, ist auch eine Art,
sich des Lebens zu erfreuen.«

Papst Johannes XXIII. (1881–1963)

»... täglich mit dem Leben rechnen«

VOLKSWEISHEITEN

Seit der Tod aufgekommen ist, ist man sich seines Lebens nicht mehr sicher.
jüdisches Sprichwort

Es gibt keine Schule, die mehr lehrt als ein Friedhof.
von den Philippinen

Der Tod eines jungen Menschen ist wie ein Schiffbruch,
der eines alten Menschen wie eine Einfahrt in den Hafen.
altrömische Weisheit

Wir sind wie die Blumen. Wir leben und wir sterben,
und aus uns selbst wissen wir nichts.
Aber das, was größer ist als wir, lehrt uns –
lehrt uns, wie wir leben sollen.
indianische Weisheit

Es gibt so viele Wege zu Gott wie es Menschen gibt.
aus Russland

Die Friedhöfe liegen voller Menschen, ohne die die Welt nicht leben könnte.
aus Irland

Jeder kann reich sterben, wenn er sich entschließt, arm zu leben.
aus Schottland

Leben und Tod

SCHMUNZELGESCHICHTEN

Hoffen wir das Beste

Ein Optimist, wer auch angesichts unseres unausweichlichen Schicksals das Beste erhofft, wie in einem Sterbegedicht des japanischen Dichters Moriya Sen'an († 1838):

»Wenn ich sterbe, begrabt mich
In einer Schenke
Unter einem Weinfass.
Mit ein bisschen Glück
Wird das Fass lecken.«

»Nicht alle, die wohlgeboren sind,
sind auch wohlgestorben.«
    Georg Christoph Lichtenberg (1742–1799), deutscher Physiker und Schriftsteller

»Wer nicht mehr traut auf Gottes Willen,
ersetzt sein Nachtgebet durch Pillen.«
    Eugen Roth (1895–1976), deutscher Schriftsteller

»Wenn die Nachrufe schon in der Schublade liegen,
macht das Leben erst richtig Spaß.«
    der 103-jährige Donald Perkins

»Die Männer bedauern, dass sie so früh sterben müssen.
Frauen hingegen macht es tiefen Kummer, dass sie vor so langer
Zeit geboren worden sind.«
    Betsy Blair

»... täglich mit dem Leben rechnen«

SEGEN / GEBET

»Alles hat seine Stunde. Für jedes Geschehen unter
dem Himmel gibt es eine bestimmte Zeit:
eine Zeit zum Gebären und eine Zeit zum Sterben,
eine Zeit zum Weinen, und eine Zeit zum Lachen,
eine Zeit für die Klage, und eine Zeit für den Tanz.«
Kohelet 3,1–2.4

Gott,
segne und behüte uns.
Gott,
schütze unser Leben
und bewahre unsere Hoffnung.
Gott,
lass dein Angesicht leuchten über uns,
dass wir leuchten können für andere.
Gott,
erhebe dein Angesicht auf uns
und halte uns fest im Glauben,
dass das Leben lebendiger ist als der Tod.
irisches Segensgebet

Nachtgebet

Junge Leute werden manchmal wach
und wissen, dass sie sterben müssen.
Dann erschaudern sie kurz
und sehen verschiedene Bilder
und denken: jeder muss sterben,
und: es ist noch Zeit.
Alte Leute werden manchmal wach
und wissen, dass sie sterben müssen.
Dann wird ihr Herz bang,
denn sie haben gelernt,
dass niemand weiß, wie Sterben ist,
dass keiner wiederkam, davon zu künden,
dass sie allein sind, wenn das Letzte kommt.
Und wenn sie weise sind,
dann beten sie. Und schlummern weiter.
Carl Zuckmayer (1896–1977), deutscher Schriftsteller

Lass es schön sein,
Wenn ich das letzte Lied singe.
Lass es Tag sein,
Wenn ich das letzte Lied singe.

Ich möchte auf meinen beiden Füßen stehen,
Wenn ich das letzte Lied singe.

Ich möchte mit meinen Augen hochblicken,
Wenn ich das letzte Lied singe.

Ich möchte, dass die Winde meinen Körper umschließen,
Wenn ich das letzte Lied singe.

Ich möchte, dass die Sonne auf meinen Körper scheint,
Wenn ich das letzte Lied singe.

Lass es schön sein,
Wenn ich das letzte Lied singe.
Lass es Tag sein,
Wenn ich das letzte Lied singe.
    indianisches Sterbelied

Leben und Tod

IDEENBÖRSE

1. *Lebensmotto*

- ❖ Vor allem ältere Menschen kennen »Sprüche fürs Leben«, wie z.B. »Arbeit ist das halbe Leben«, »Wer rastet, der rostet« oder »Morgenstund hat Gold im Mund«, oft seit frühester Kindheit.
- ❖ Das Leitungsteam sammelt die spontan geäußerten Sprüche und schreibt sie auf. Welche waren hilfreich, welche eher hinderlich oder gar zerstörerisch?
- ❖ Abschließend können alle den Spruch benennen, der ihnen zum Lebensmotto geworden ist. Oft genug sind damit kleine Geschichten und Anekdoten verbunden.

2. *»Wie wollen Sie sterben?«*

- ❖ In einer großen deutschen Tageszeitung wurde wöchentlich ein Fragebogen mit Antworten von mehr oder weniger bekannten Persönlichkeiten veröffentlicht. Die letzte Frage lautete: »Wie wollen Sie sterben?«
  Hier einige Antworten:
  * Umfallen und Schluss
  * Mitten aus der Gartenarbeit
  * Plötzlich – aber noch lange nicht
  * Bei vollem Bewusstsein, um Abschied nehmen zu können
  * Schnell und ohne Schmerzen
  * Im Vertrauen auf Gott
- ❖ Zu dieser (letzten) Frage können alle ganz spontan sich äußern – mündlich oder schriftlich, je nach Vertrautheit der Gruppe. Im Gespräch werden die einzelnen Aussagen aufgegriffen und

»... täglich mit dem Leben rechnen«

behutsam interpretiert. Was gibt es an Fragen, Problemen, Nöten und Ängsten mit Blick auf Sterben und Tod?

3. Leben nach dem Tod?

- ❖ Fragen nach dem Tod sind immer auch Fragen nach dem Leben – und sie sind Anfragen an das Leben »danach«, Anfragen an unsere Ängste und Zweifel, Anfragen an unsere Hoffnung und Zuversicht. Was dürfen wir hoffen? Der Gott der Christen ist kein Gott der Toten, sondern ein Gott der Lebenden. »Wer an mich glaubt, wird leben, auch wenn er stirbt« (Joh 11,25). Auf diese Zusage können wir bauen, in dieser Gewissheit können wir leben und »zu guter Letzt« auch sterben, nicht frei von Ängsten, aber mit Zuversicht.
- ❖ Das Leitungsteam hat aus den Todesanzeigen die unterschiedlichsten Leitverse aufgeschrieben, liest sie einzeln vor und fragt nach möglichen Deutungen dieser Verse. (Bei größeren Gruppen werden die Leitverse im Partner- oder Gruppengespräch vorab interpretiert.)
- ❖ Was Christen hoffen lässt, ist den »Hoffnungsworten« der Heiligen Schrift zu entnehmen. Das Leitungsteam wählt einige Verse aus, liest sie vor und deutet sie. Zum Beispiel:
  * Ich bin die Auferstehung und das Leben. Wer an mich glaubt, wird leben, auch wenn er stirbt (Johannesevangelium 11,26).
  * Er ist nicht der Gott der Toten, sondern der Gott der Lebenden (Matthäusevangelium 22,32).
  * Wenn das Weizenkorn nicht in die Erde fällt und stirbt, bleibt es allein, wenn es aber stirbt, bringt es reife Frucht (Johannesevangelium 12,24).
  * Der Herr ist mein Licht und mein Heil. Vor wem sollte ich mich fürchten? (Psalm 27,1a).

BAUSTEINE FÜR SENIORENGOTTESDIENSTE

Vorbemerkung

»Die frommen Alten, sie kommen auch so in die Kirche. Da brauchen wir doch keinen großen Aufwand betreiben.«

Auf den ersten Blick scheint sich diese Auffassung zu bestätigen. An den Werktagen besteht die Gottesdienstgemeinde fast ausnahmslos aus älteren Menschen. Und auch an den Sonntagen sind sie mehrheitlich vertreten. Die Alten sind nachweislich die treuesten Gottesdienstbesucher.

Wer jedoch genauer hinschaut und den »zweiten Blick« wagt, der wird feststellen müssen: Der Gottesdienstbesuch geht auch bei der älteren Generation unaufhaltsam zurück, bei den jungen Alten um die 60 bis 65 Jahre sogar fast »einbruchartig«. Die (jungen) Alten kommen nicht mehr »von alleine«; sie stellen heute gewisse Ansprüche an den Gottesdienst und wollen ernst – und angenommen werden. Andernfalls bleiben sie weg, wie ihre Kinder und Kindeskinder.

»Seniorengottesdienste«, die eigens für ältere Menschen gestaltet werden, müssen keine Events sein, aber mit der Lebenswirklichkeit – dem »wirklichen Leben« der Alten – zu tun haben. Die Liturgie bietet dazu eine Vielfalt an gottesdienstlichen Formen und Feiern an. Es muss nicht immer die Messe sein. Gelegentlich kann in Andachten und Segensfeiern, Kreuzwegen und Wallfahrten, Meditationen und Gebeten das vielfältige Leben der Menschen viel ausdrucksvoller und damit zugleich eindrucksvoller zur Sprache kommen. Sie ermöglichen eine weitaus größere Gestaltungsfreiheit und können zugleich Schritt für Schritt zur Hochform liturgischer Feiern hinführen. Letzteres ist mit Blick auf die wachsende Zahl neu oder wieder zu gewinnender Seniorinnen und Senioren von besonderer Bedeutung!

Die Vorschläge zur Gestaltung von Seniorengottesdiensten verstehen sich als »Bausteine«. Sie sind für die verschiedensten Formen und Feiern verwendbar und können mit Blick auf die Gottesdienstgemeinde noch näher hin konkretisiert werden, vor allem was das »Lokalkolorit« an Frömmigkeitsformen, Bräuchen, Symbolen, Liedern und Gebeten betrifft. Hier sind Kreativität, Ideenreichtum und Gestaltungskraft der Verantwortlichen »vor Ort« gefragt.

»Im Winter wächst das Brot«
Vom Glück und Leid im Leben

Einführung

Das Zauber-Senfkorn

Die Legende erzählt von einer Frau, deren Sohn starb. In ihrem Kummer ging sie zu einem heiligen Mann und fragte ihn: »Welche Gebete und Beschwörungen kennst du, um meinen Sohn wieder zum Leben zu erwecken?« Er antwortete ihr: »Bring mir einen Senfsamen aus einem Hause, das niemals Leid kennen gelernt hat. Damit werden wir den Kummer aus deinem Leben vertreiben.«

Die Frau begab sich auf die Suche nach dem Zauber-Senfkorn. Auf ihrem Weg kam sie bald an ein prächtiges Haus, klopfte an die Tür und sagte: »Ich suche ein Haus, das niemals Leid erfahren hat. Ist dies der richtige Ort? Es wäre wichtig für mich.« Die Bewohner des Hauses antworteten ihr: »Da bist du an den falschen Ort gekommen«, und sie zählten all das Unglück auf, das sich jüngst bei ihnen ereignet hatte. Die Frau dachte bei sich: »Wer kann diesen armen, unglücklichen Menschen wohl besser helfen als ich, die ich selber so tief im Unglück bin?« Sie blieb und tröstete sie.

Später, als sie meinte, genug Trost gespendet zu haben, brach sie wieder auf und suchte aufs neue ein Haus ohne Leid. Aber wo immer sie sich hinwandte, in Hütten, in Palästen, überall begegnete ihr das Leid. Schließlich beschäftigte sie sich ausschließlich mit dem Leid anderer Leute. Dabei vergaß sie ganz die Suche nach dem Zauber-Senfkorn, ohne dass ihr das bewusst wurde. So verbannte sie mit der Zeit den Schmerz aus ihrem Leben.

»Glück und Leid sind wie die rechte und die linke Hand – man soll sich beider bedienen«, schreibt die italienische Mystikerin und Heilige Katharina von Siena (1347–1380). Glück und Leid gehören unverwechselbar *zu* unserem Leben, und sie gehören *in* unser Leben.

Wer eines von beiden aus seinem Leben ausklammert, wird mit der Zeit todunglücklich. Wer einerseits ständig auf der Suche nach dem Glück seines Lebens ist, wie heute so manche Zeitgenossen, der wird nur das oberflächliche Glück finden und im Leid enden. Wer sich andererseits ob seines Leides und Kummers nur noch grämt, dem gehen die Freuden des Lebens verloren und letztlich auch die Freude am Leben.

Die Legende vom Zauber-Senfkorn weist uns den Weg: Leid, Kummer, Not gibt es überall, in dieser Geschichte wie in unserem Leben. Wer von uns bliebe davon verschont?

Ihr Sohn ist tot – gibt es größeres Leid für eine Mutter? –, doch ihr großer Kummer »relativiert« sich, indem er buchstäblich in Beziehung gesetzt wird zum unendlichen Leid anderer Menschen. So wie sie dann andere tröstet – »Wer kann diesen armen, unglücklichen Menschen wohl besser helfen als ich, die ich selber so tief im Unglück bin« – wird ihr selbst Trost zuteil, und vielleicht auch ein wenig Glück in all ihrem Leid.

»Im Winter wächst das Brot«

Schuldbekenntnis

Rastlos suchend nach dem großen Glück, übersehen wir allzu oft das kleine Glück.
Herr, erbarme dich!

Vergrämt und verbittert im eigenen Kummer, kümmern wir uns kaum noch um die Nöte unserer Mitmenschen.
Christus, erbarme dich!

Untröstlich in unserem Leid, bleibt anderen unser Trost versagt.
Herr, erbarme dich!

Schrifttext Johannesevangelium 5,1–9

Gedanken

Was hat dieser Mann für eine Lebens- und Leidensgeschichte:

38 Jahre gelähmt und gefesselt an Leib und Seele,
38 Jahre verstoßen, ja ausgestoßen von seinen Mitmenschen,
38 Jahre dahinvegetiert unter Blinden, Lahmen, Verkrüppelten,
38 Jahre ohne jede Hilfe, ohne jede Zuwendung, ohne jeden Trost und – was das schlimmste ist – ohne jede Hoffnung.

Was hat dieser Mann für eine Lebens- und Leidensgeschichte!

Und doch: Was hat dieser Mann – bei all seinem Leid und Kummer – doch für ein Glück! Das Glück, endlich jemandem zu begegnen, der stehen bleibt, der ihm ansieht und anspricht, der sein Leid und seine Not erkennt, der ihn als Mensch wahrnimmt und anerkennt.

Vom Glück und Leid im Leben

Was hat der Mann für ein Glück, dass er Jesus begegnet!

Nach 38 Jahren – unvorstellbar diese lange Zeit – steht er wieder auf, nimmt seine Bahre und geht. Geheilt an Leib und Seele, befreit von den Fesseln der Lähmung – in diesem Augenblick ist dieser Mann wohl der glücklichste Mensch auf der Welt!

Die Bibel kennt solche Heilungsgeschichten ohne Zahl. Heil ist ein anders Wort für (wirkliches) Glück. Wie viele Menschen hat Jesus auf seine Art glücklich gemacht? Wie viele Blinde konnten wieder sehen, wie viele Lahme konnten wieder gehen, wie viele Aussätzige konnten sich wieder unter ihren Mitmenschen sehen lassen? Wie viele Wunden und Verletzungen an Leib und Seele hat er geheilt? Und hat er nicht alle Kranken vom Stigma befreit, ihre Krankheiten und Gebrechen seien eine »Strafe Gottes« für sündhaftes Leben – ein Vorurteil, das sich hartnäckig bis in unsere Zeit zu halten scheint (siehe Aids).

Wenn es um das Heil und das Glück des Menschen geht, setzt sich Jesus sogar über alle Gesetze, Vorschriften und Traditionen hinweg. Er heilt den Gelähmten am Sabbat, was damals strengstens verboten war.

Für Jesus hat der Mensch immer Vorrang! Bis auf den heutigen Tag und darüber hinaus gilt sein Interesse uns allen – jedem und jeder Einzelnen von uns. Er will unser Glück, er will unser Heil – selbst wenn wir das in so manch leidvollen Stunden unseres Lebens kaum zu erkennen vermögen.

Der Gelähmte hat in schier aussichtsloser Situation auf Jesus vertraut, ihm geglaubt, ja letztlich an ihn geglaubt. Und er stand auf und ging geheilt seines Weges. Was hat dieser Mann – bei all seinem Leid und Kummer – doch für ein Glück gehabt, als er Jesus begegnete!

»Im Winter wächst das Brot«

Fürbitten

Guter Gott, du bist gekommen, »damit wir das Leben haben und es in Fülle haben« (Johannesevangelium 10,10).

Wir rufen zu dir:

- ❖ Für alle, die an ihrem Leid zu zerbrechen drohen:
  Lass sie Menschen begegnen, die sie in ihrem Leid wieder aufrichten.
  Guter Gott, wir bitten dich, erhöre uns!
- ❖ Für alle, die mit ihrer schweren Krankheit nicht zurechtkommen:
  Lass sie Menschen begegnen, mit denen sie in den schweren Tagen ihrer Krankheit rechnen können.
  Guter Gott, wir bitten dich, erhöre uns!
- ❖ Für alle, die an der Herzenshärte ihrer Mitmenschen zu verzweifeln drohen:
  Lass sie Menschen begegnen, die ein gütiges Herz haben und ihre Zweifel an der Menschheit ausräumen helfen.
  Guter Gott, wir bitten dich, erhöre uns!
- ❖ Für alle, die ihr Glück gefunden haben:
  Lass sie Menschen begegnen, mit denen sie ihr Glück teilen können.
  Guter Gott, wir bitten dich, erhöre uns!

Guter Gott, du willst das Heil und das Glück der Menschen. Wie du den Gelähmten geheilt hast, so richte auch uns auf, damit wir mit dir unseren Weg fortsetzen können. Amen.

Vom Glück und Leid im Leben

Kurze Meditation

Alle Gottesdienstteilnehmer erhalten ein Samenkorn und betrachten es in ihrer Hand.

Das Samenkorn in unserer Hand – winzig klein und eher unscheinbar. Vor dem Winter wird es ausgesät, im Winter selbst stirbt es ab, um im Frühjahr reife Frucht zu bringen. Der Winter ist eine harte Zeit, eigentlich eine unfruchtbare Zeit. Und dennoch: *Im Winter wächst das Brot!*

Leid und Kummer sind wie Winter. Eine harte Zeit! Eine unbarmherzige Zeit! Viel Kälte, oft eisige Kälte! Sie verhärtet die Herzen der Menschen. Und dennoch: Wer diese Zeit durchlitten hat, ist ein anderer Mensch. Im Leid wächst der Mensch – mitunter über sich hinaus!

Das Weizenkorn in unserer Hand, es muss sterben, damit es Frucht bringt. Im Winter wächst das Brot für uns Menschen!

»Im Winter wächst das Brot«

»Gott bestimmt die Zeit«
Die Zeit des Lebens und die Zeit des Sterbens

Einführung

Eine völlig unverdächtige Zeitzeugin, die uns – vor allem der älteren Generation – noch sehr bekannte (Film-)Schauspielerin und Sängerin Hildegard Knef, hat auf die Frage, warum sie in schwerer Krankheit im Glauben eine Hilfe findet, wie folgt geantwortet:

> »Ich will euch sagen, warum ich ein Christ bin – weil die Welt unglaublich geschwätzig ist, laut und vorlaut, solange alles gut geht. Nur wenn jemand stirbt, dann wird sie verlegen, dann weiß sie nichts mehr zu sagen. Genau an dem Punkt, wo die Welt schweigt, richtet die Kirche eine Botschaft aus. Ich liebe die Kirche um dieser Botschaft willen. Ich liebe sie, weil sie im Gelächter einer arroganten Welt sagt, dass der Mensch ein Ziel hat, weil sie dort ihren Mund aufmacht, wo alle anderen nur die Achseln zucken.«

Ein überraschendes, aber überzeugendes Glaubensbekenntnis! Eine berühmte Frau – Star der Film- und Musikwelt –, die wie kaum ein anderer Mensch alle Höhen menschlichen Lebens genießen durfte, aber auch alle Tiefen durchleiden musste, sie kennt sich aus mit dem Leben und vermutlich auch mit dem Sterben. Sie weiß um die Geschwätzigkeit und Oberflächlichkeit der Welt, zumal »ihrer Welt«. Und sie weiß um die Sprachlosigkeit dieser Welt und ihrer Bewohner, wenn es ans Sterben geht.

In dieses Verstummen und in dieses »Ver-sagen« hinein spricht die Kirche ihre Botschaft: Du, Mensch, du hast ein Ziel. »Aus Gottes Hand empfing ich mein Leben, unter Gottes Hand gestalte ich mein Leben, in Gottes Hand gebe ich mein Leben zurück« (Augustinus).

Schuldbekenntnis

Guter Gott, du Freund des Lebens:

Aus deiner Hand empfingen wir unser Leben.
Herr, erbarme dich!

Unter deiner Hand gestalten wir unser Leben.
Herr, erbarme dich!

In deine Hand geben wir unser Leben zurück.
Christus, erbarme dich!

Schrifttext Römerbrief 14,7–9

Gedanken

Eine alte arabische Sage erzählt von einem Scheik, den man den »Großen« nannte. Eines Tages stand ein junger Mann in seinem Zelt und grüßte ihn. »Wer bist du?«, fragte der Scheik. »Ich bin Allahs Bote und werde der Engel des Todes genannt.« Der Scheik wurde ganz bleich vor Schrecken. »Was willst du von mir?« »Ich soll dir sagen, dass dein letzter Tag gekommen ist. Mach dich bereit. Wenn morgen Abend die Sonne untergeht, komm ich, um dich zu holen.« Der Bote ging. Das Zelt war leer. Fröhlich klatschte der Scheik in die Hände und befahl einem Sklaven, das schnellste und beste Kamel zu satteln. Er lächelte noch einmal, weil er an den Boten dachte, der morgen Abend das Zelt leer finden würde. Bald war der Scheik weit draußen in der Wüste. Er ritt die ganze Nacht und den ganzen Tag trotz der brennenden Sonne. Er gönnte sich keine Rast. Je weiter er kam, umso leichter war ihm ums Herz. Die Sonne war nicht mehr weit vom Rand der

»Gott bestimmt die Zeit«

Wüste entfernt. Er sah die Oase, zu der er wollte. Als die Sonne unterging, erreichte er die ersten Palmen. Jetzt war er weit, weit weg von seinem Zelt. Müde stieg er ab, lächelte und streichelte den Hals des Tieres: »Gut gemacht, mein Freund.« Am Brunnen saß ruhig der Bote, der sich Engel des Todes genannt hatte, und sagte: »Gut, dass du da bist. Ich habe mich gewundert, dass ich dich hier, so weit entfernt von deinem Zelt, abholen sollte. Ich habe mit Sorge an den weiten Weg und an die brennende Sonne und an dein hohes Alter gedacht. Du musst sehr schnell geritten sein ...«

Wie der alte Scheik auf die Todesnachricht reagiert, ist nur allzu menschlich. Mit dem schnellsten und besten Kamel flieht er davon, hetzt einen ganzen Tag und eine ganze Nacht ohne jede Rast durch die Wüste und gelangt voller Hoffnung und Zuversicht an sein Ziel: eine Oase – weit genug entfernt von seinem Zelt. Dort glaubt er sich seines Lebens sicher. Aber der Todesengel wartet schon auf ihn.

Vor dem Tod fliehen auch heute noch viele Menschen. Sie haben andere Fluchthelfer und andere Fluchtpunkte. Sie hasten durch ihr Leben, rastlos und ruhelos, als könnten sie etwas verpassen. Das Leben als letzte Gelegenheit – da muss alles mitgenommen und alles bis ins Letzte ausgekostet werden. Aber irgendwann ist die Zeit gekommen, da es kein Entkommen mehr gibt.

Gott bestimmt die Zeit, die Lebenszeit eines jeden Menschen. Ob sie kurz ist oder lang, beschwerlich oder »leicht-lebig«, erfolgreich oder mittelmäßig – Zeitmaß und Qualität unseres Lebens liegen letztlich in seiner Hand.

Dass zu erkennen und dann auch anzuerkennen, braucht es wohl ein Leben lang. »Ob wir leben oder ob wir sterben, wir gehören dem Herrn«, heißt es im heutigen Schrifttext. Das Ziel des Menschen ist Gott. Bei ihm wissen wir uns gut aufgehoben: Denn dieser Gott »ist doch nicht der Gott der Toten, sondern der Gott der Lebenden« (Mt 22,32). Eine frohe Botschaft auch in schweren Zeiten!

Fürbitten

Gott, der du die Zeit des Menschen bestimmst, seine Zeit des Lebens und seine Zeit des Sterbens, zu dir rufen wir:

- ❖ Schenke den Lebenden ein erfülltes Leben!
  Gott, der du die Zeit des Menschen bestimmst,
  wir bitten dich, erhöre uns!
- ❖ Schenke den Sterbenden eine friedvolle Sterbestunde!
  Gott, der du ...
- ❖ Schenke den Toten das Leben bei dir!
  Gott, der du ...
- ❖ Schenke den Trauernden Trost in trauriger Zeit!
  Gott, der du ...

Gott, der du nicht der Gott der Toten, sondern der Gott der Lebenden bist, stehe uns bei im Leben und im Sterben. Amen.

»Gott bestimmt die Zeit«

Gebet

Gebet um neue Hoffnung

Herr,
ich verstehe den Tod nicht,
auch nicht beim Anblick eines Toten.
Ich weiß,
auch ich werde sterben,
irgendwann
oder demnächst.
Dein Wort verheißt ewiges Leben,
denen, die auf dich hoffen.
Auch das verstehe ich nicht.
Aber ich möchte hoffen,
ich möchte vertrauen,
ich möchte glauben,
ich möchte leben! –
Herr, dein Wille geschehe.

»Eure Jungen werden Visionen haben und eure Alten werden Träume haben«
Vom Umgang zwischen Jung und Alt

Einführung

Eine Parabel
Vergangenheit, Gegenwart und Zukunft bieten dem Menschen ihre Freundschaft an.
　»Nimm mich zur Freundin«, sagt die Vergangenheit, »ich biete dir einen riesigen Schatz an Erinnerungen und Erfahrungen.«
　»Nein, nimm mich«, sagt die Gegenwart, »heute ist heute, mich brauchst du am meisten. Heute musst du leben!«
　»Wie wär's mit mir?«, sagt die Zukunft, »ohne Zukunft keine Visionen, keine Träume, keine Hoffnung!«
　Keine der drei Freundschaften hielt. Dass der Mensch alle drei zusammen als Freundinnen braucht, darauf kam er nicht.

Es heißt: Die Jungen leben im Heute auf Morgen hin, die Alten eher im Heute aus dem Gestern. Das Vorrecht der Jungen seien die Visionen und Träume; das Vorrecht der Alten die Erinnerungen und Erfahrungen.

Das Vergangene, das Gegenwärtige und das Zukünftige gehören untrennbar zusammen. Sie machen die Lebensgeschichte eines jeden Einzelnen von uns aus. Wer nur rückwärts gewandt lebt oder allein auf das Heutige konzentriert ist, hat keine Kraft zum Träumen. Unsere Lebensträume sind nie ausgeträumt; es muss immer noch etwas geben, was zu erhoffen, zu erwarten, zu erträumen ist – für die Alten wie für die Jungen. Sonst hat man sein Leben aufgegeben.

Schuldbekenntnis

Dass wir allein in unseren Erinnerungen zuhause sind.
Herr, vergib uns unsere Schuld!

Dass wir ganz und gar im Heute aufgehen.
Herr, vergib uns unsere Schuld!

Dass wir uns von unseren Lebensträumen verabschiedet haben.
Herr, vergib uns unsere Schuld!

Der Herr, der über alle Zeiten steht, der Anfang und Ende ist, er nehme uns an mit unserer Schuld, jetzt und zu aller Zeit. Amen.

Schrifttext Apostelgeschichte 2,14.16.17

Gedanken

Die Pfingstpredigt des Petrus stellt alle traditionellen Bilder von Jung und Alt geradezu auf den Kopf:

Galten doch die alten, lebenserfahrenen Männer damals als die Propheten. Und war es nicht schon damals den Jungen vorbehalten, vom Leben zu träumen, weil das Leben noch vor ihnen lag? In Anlehnung an die Verheißung des Propheten Joël werden hier jedoch die Söhne und Töchter zu Propheten und die Alten zu »Träumern«. Prophetie und Weissagung, Visionen und Träume werden gleichermaßen Alt wie Jung zuerkannt. Ihre Träume verbünden sich, stellen Alte wie Junge visionär auf die gleiche Stufe, gewissermaßen »in Augenhöhe«.

Vom Umgang zwischen Jung und Alt

Das aber ist Voraussetzung für Begegnung und Gespräch der Generationen. Im Austausch von Lebenserinnerungen und Lebensträumen werden Vergangenheit und Zukunft in die Gegenwart geholt. Wir brauchen sie alle drei als Freunde des Lebens. Wer die Alten als die Ewiggestrigen auf die Vergangenheit und die Jungen als die Hoffnungsträger auf die Zukunft festnageln will, verstößt gegen die Prophezeiung des Joëls: die Jungen werden Visionen haben und die Alten werden Träume haben.

Es wäre traumhaft, wenn dieses prophetische Wort auch nur ansatzweise in Erfüllung ginge.

Fürbitten

Beten wir für Jung und Alt:
- Dass sie sich ihrer Lebenserfahrungen erinnern und sich im Austausch gegenseitig bereichern.
  Herr, darum bitten wir dich.
- Dass sie sich der Gegenwart stellen mit all ihren Möglichkeiten und Perspektiven, aber auch mit all ihren Begrenzungen und Gefährdungen.
  Herr, darum bitten wir dich.
- Dass sie dem Leben Zukunft geben und sich für ein friedvolles Zusammenleben der Generationen, der Völker, Rassen und Religionen einsetzen.
  Herr, darum bitten wir dich.

Herr, der du den Alten den Mut zum Träumen und den Jungen die Kraft für Visionen schenkst, bleibe bei uns Zeit unseres Lebens. Amen.

»Eure Jungen werden Visionen haben und eure Alten werden Träume haben«

Gebet

Herr,
lass uns einander besser verstehen lernen,
die Jungen die Alten
und die Alten die Jungen.

Wo Vorurteile uns trennen,
wollen wir sie abbauen,
wo Mauern zwischen uns stehen,
wollen wir sie einreißen,
wo wir uns gegenseitig ausgeschlossen haben,
wollen wir uns füreinander öffnen.

Herr,
gib den Jungen ihre Visionen und lass den Alten ihre Träume,
damit sie gemeinsamen zu Propheten des Lebens werden.
Amen.

Vom Umgang zwischen Jung und Alt

»Ich möchte glauben, komm mir doch entgegen«
Im Konflikt zwischen Glauben und Unglauben

Einführung

Zwei Lebens- und Glaubensgeschichten
Da lebt eine Frau, Anfang 70, allein stehend, in einem Dorf in Süddeutschland. Über vierzig Jahre war sie Lehrerin und später Rektorin an einer Schule für geistig Behinderte. Als evangelische Frau hatte sie es schwer im katholischen Bayern. Diasporasituation schärft den Blick für die eigene Konfession: Sie stand fest in ihrem Glauben, verteidigte ihre Überzeugung gegen alle Verlockungen ihres religiösen Umfeldes. Kurz und gut: eine »gestandene Frau«, fest verankert im Leben und im Glauben. Bis eine schwere Krankheit – Krebs – ihr Leben von heute auf morgen völlig veränderte. Eine tiefe Krise erschütterte ihr Leben – und ihren Glauben. »Ich habe meinen Glauben verloren«, so das bittere Ergebnis kurz vor dem Ende ihres Lebens.

Eine andere Frau, Mitte 80, lebt im Altersheim. Ihr Mann ist vor drei Jahren gestorben. Wegen ihrer Gebrechlichkeit musste sie die gemeinsame Wohnung aufgeben. In den Familien ihrer drei Kinder war kein Platz für sie da. Und wenn auch, so hätte sie es nicht gewollt. Zeitlebens wollte und durfte sie niemandem zur Last fallen. Ihr Leben und das ihrer Familie war maßgeblich geprägt vom katholischen Glauben. Sie war, wie man so sagt, eine fromme Frau. Dementsprechend hatte sie ihre Kinder »streng« katholisch erzogen, auf regelmäßigen Kirchgang bestanden und auf die Einhaltung kirchlicher Gebote und Vorschriften, vor allem was die Sexualität betraf, geachtet. Fragen, Unsicherheiten, gar Zweifel gestattete sie sich nicht – und erlaubte es auch nicht anderen! Sie war und blieb tief verwurzelt im Glauben ihrer Kindheit!

Heute, angesichts des nahen Todes, stellen sich ihr die Fragen, die sie zeitlebens unterdrückt oder verdrängt hatte. Manchmal sind diese Fragen von bestürzender Naivität, zugleich lassen sie aber die innere Not dieser Frau offen zutage treten: Gibt es denn wirklich den Himmel? Werde ich dort meinen Mann wieder sehen? Und wie ist das mit dem Fegefeuer? Und mit der Hölle?

Ein bisher unangefochtener Glaube geht verloren oder wirft endlose Fragen auf, quälende Fragen, ernst zu nehmende Fragen! Fragen, die wir uns auf diese oder jene Art wohl alle stellen – und wo manche Antworten, das sollten wir uns freimütig eingestehen, (zunächst noch) offen bleiben.

»Das eigentliche, einzige und tiefste Thema der Welt- und Menschheitsgeschichte, dem alle anderen untergeordnet sind, bleibt der Konflikt des Unglaubens und Glaubens« (Johann Wolfgang von Goethe).

Schuldbekenntnis

Herr, du mein Gott, vor dir liegt mein Leben wie ein aufgeschlagenes Buch.

Du siehst meine Fragen, Unsicherheiten und Zweifel.
Herr, erbarme dich!

Du siehst meine Unzulänglichkeiten, Verkümmerungen und Schwächen.
Christus, erbarme dich!

Du siehst meinen guten Willen und meine redlichen Bemühungen.
Herr, erbarme dich!

Im Konflikt zwischen Glauben und Unglauben

Schrifttext Johannesevangelium 20,24–29

Gedanken

Viele Menschen haben neben ihrem Vor- und Zunamen noch einen »Spitznamen« – ein scherzhaft und liebevoll gemeinter oder auch ein spöttischer und verletzender Beiname. Ursprünglich wurde er als beleidigender Schimpfname empfunden, »spitz« im Sinne von verletzend. Heutzutage wird eher versucht, auf diese Weise einen Aspekt des Charakters eines Menschen darzustellen. Spitznamen machen Menschen »populär« und sind so etwas wie eine Ehrenbezeichnung.

So ist es auch mit Thomas, genannt Didymus. Nicht dieser Beiname Zwilling hat ihn bekannt und berühmt gemacht bis in unsere Zeit. Das Volk hat ihm schon damals den Spitznamen »der Ungläubige« verliehen. Und unter diesem durchaus liebevoll gemeinten Beinamen ist er auch unter uns populär geblieben. Thomas, »der Ungläubige«, einer der Zwölf, einer aus dem engsten Kreis, einer, der Jesus eigentlich nur zu gut kennen musste. Einer, der zweifel-los hätte glauben müssen! Und dieser Thomas meldet Zweifel an, gibt seine Unsicherheit zu, »bekennt« sich ungläubig. Wenn ich nicht die Male sehe, wenn ich nicht die Wunden fühle, wenn ich nicht greifen und dadurch begreifen kann, dann, sagt Thomas, »glaube ich nicht«.

Spricht da nicht einer offen aus, was wir alle insgeheim wohl denken und begehren: »handgreifliche« Beweise für das, was wir glauben wollen oder sollen? Wie Thomas wollen wir glauben, allein uns fehlt (manchmal) der Glaube?! Ist Thomas, der Ungläubige, so »populär« geworden und auch geblieben – im wahrsten Sinne des Wortes ein »Mann des Volkes« –, weil wir uns so gut in ihm wiederfinden können?

Und Jesus? Seine Reaktion? Er wendet sich nicht (beleidigt) ab, im Gegenteil. Er wendet sich dem Thomas zu. Schau mich an, berühr

»Ich möchte glauben, komm mir doch entgegen«

mich, greife – aber dann begreife auch »und sei nicht ungläubig, sondern gläubig!«

Jesus verurteilt den Thomas nicht, wie er auch Petrus, den »Kleingläubigen«, nicht verurteilt, als ihn mitten auf dem See die Angst packt (Matthäusevangelium 14,31). Und er verurteilt auch uns nicht, wenn Fragen, Unsicherheiten und Zweifel in uns aufkommen. Aber was er zu guter Letzt Thomas mit auf den (Glaubens-)Weg gegeben hat, das gilt auch uns als seine Wegweisung: »Selig sind, die nicht sehen und doch glauben.«

Fürbitten

Herr, du unser Gott, wie Thomas strecken wir unsere Hände aus und rufen zu dir:

- Für alle, die glauben, nicht mehr glauben zu können:
  Herr, du unser Gott, erhöre uns!
- Für alle, die glauben, keine Zweifel haben zu dürfen:
  Herr, du unser Gott, erhöre uns!
- Für alle, die glauben, ihren Glauben sicher zu haben:
  Herr, du unser Gott, erhöre uns!
- Für alle, die glauben, ihren Glauben endgültig verloren zu haben:
  Herr, du unser Gott, erhöre uns!
- Für alle, die glauben, ihren Glauben (wieder) gefunden zu haben:
  Herr, du unser Gott, erhöre uns!
- Für alle, die glauben an ihren Glauben:
  Herr, du unser Gott, erhöre uns!

Jesus sagt: »Selig sind die, die nicht sehen und doch glauben!«
Amen.

Gebet

Ich steh vor dir mit leeren Händen, Herr;
fremd wie dein Name sind mir deine Wege.
Seit Menschen leben, rufen sie nach Gott;
mein Los ist Tod, hast du nicht andern Segen?
Bist du der Gott, der Zukunft mir verheißt?
Ich möchte glauben, komm mir doch entgegen?

Von Zweifeln ist mein Leben übermannt,
mein Unvermögen hält mich ganz gefangen.
Hast du mit Namen mich in deine Hand,
in dein Erbarmen fest mich eingeschrieben?
Nimmst du mich auf in dein gelobtes Land?
Werd ich dich noch mit neuen Augen sehen?

Sprich du das Wort, das tröstet und befreit
und das mich führt in deinen großen Frieden.
Schließ auf das Land, das keine Grenzen kennt,
und lass mich unter deinen Kindern leben.
Sei du mein täglich Brot, so wahr du lebst.
Du bist mein Atem, wenn ich zu dir bete.

Huub Oosterhuis (*1933),
niederländischer Theologe (Jesuit) und Schritsteller

»*Ich möchte glauben, komm mir doch entgegen*«

QUELLENVERZEICHNIS

Bei einigen Texten konnten wir keine Quellen bzw. Rechteinhaber ausfindig machen.
Für Hinweise sind Autor und Verlag dankbar.

S. 11	Spiegelbild, Rose Ausländer
	Aus: Dies., Im Aschenregen die Spur deines Namens. Gedichte und Prosa 1976.
	© S. Fischer Verlag GmbH, Frankfurt am Main 1984
S. 14f	Ich bin eine alte Dame, Agnes Nagelschmitz
	Quelle unbekannt
S. 22	Gebet einer Schnecke, Rudolf Otto Wiemer
	© Rudolf Otto Wiemer Erben, Hildesheim
S. 25	Das Vermächtnis, Heinrich Böll
	Aus: Hans Joachim Bernhard (Hg.), Heinrich Böll. Werke. Kölner Ausgabe. Bd. 4.
	© 2003 Verlag Kiepenheuer & Witsch, Köln
S. 30	Und als ich auflegte, ist sie gestorben, Alexander Wutzler
	Aus: Jetzt. Jugendmagazin der Süddeutschen Zeitung.
	© Süddeutsche Zeitung mbH, München
S. 33	Wettlauf © Eugen Roth
S. 34	Telefon, Heinz J. Zechner © Heinz J. Zechner, Leibnitz
S. 39	Der Meister befürwortete beides ..., Anthony de Mello
	Aus: Ders., Eine Minute Weisheit.
	© Herder Spektrum/Verlag Herder Freiburg 2004
S. 45	Das Wasser lehrt uns, wie wir leben sollen, Johannes Thiele
	Aus: Ders., Fantasie für die Schöpfung.
	© Verlag Herder Freiburg 1990
S. 51	Letztes Gebet/Lass uns nicht fallen ..., Lothar Zenetti
	Aus: Ders., In Seiner Nähe. Texte des Vertrauens (ToposPlus 431).
	© Matthias-Grünewald-Verlag, Mainz 2002.
S. 55	Sorgen, Günter Kunert
	Aus: Ders., Verkündigung des Wetters. Gedichte.
	© 1966 Carl Hanser Verlag, München – Wien

S. 69	Sonett Nr. 19, Bertolt Brecht
	Aus: Ders., Werke. Große kommentierte Berliner und Frankfurter Ausgabe. Band 14. © Suhrkamp Verlag 1993
S. 71	Im Zimmer, Rose Ausländer
	Aus: Dies., Ich höre das Herz des Oleanders. Gedichte 1977–1979.
	© S. Fischer Verlag GmbH, Frankfurt am Main 1984
S. 79	Als ein Mann, dessen Ehe …, Anthony de Mello
	Aus: Ders., Eine Minute Weisheit.
	© Herder Spektrum/Verlag Herder Freiburg 2004
S. 82	Keinen Tag soll es geben, Uwe Seidel
	Aus: Hanns Dieter Hüsch/Uwe Seidel, Ich stehe unter Gottes Schutz, S. 155, 2003/7. © tvd-Verlag, Düsseldorf 1996
S. 85	Sieben Jahre …, Bertolt Brecht
	Aus: Ders., Werke. Große kommentierte Berliner und Frankfurter Ausgabe. Band 14. © Suhrkamp Verlag 1993
S. 96	Nägel mit Köpfen, Rudolf Otto Wiemer
	© Rudolf Otto Wiemer Erben, Hildesheim
S. 101	Angst und Zweifel, Erich Fried
	Aus: Ders., Gegengift.
	© 1974, Verlag Klaus Wagenbach, Berlin
S. 103	Staune, Günter Ullmann
	Aus: Hans-Joachim Gelberg (Hg.), Großer Ozean.
	© 2000 Beltz und Gelberg in der Verlagsgruppe Beltz, Weinheim & Basel
S. 106f	Wir heben die Augen zum Himmel…, Anthony de Mello
	Aus: Ders., Warum der Vogel singt.
	© Herder Spektrum/Verlag Herder Freiburg 2004
S. 115	Vigil, Christine Busta
	Aus: Der Himmel im Kastanienbaum.
	© Otto Müller Verlag, Salzburg 1989
S. 121f	Der Tod und der Gänsehirt, Janosch
	Aus: Janosch erzählt Grimm's Märchen.
	© 1991 Beltz und Gelberg in der Verlagsgruppe Beltz, Weinheim & Basel
S. 154	Ich steh vor dir, Huub Oosterhuis
	Übersetzung: Lothar Zenetti (1973).
	© Christophorus Verlag, Freiburg im Breisgau

Quellenverzeichnis

PRAKTISCHE WERKBÜCHER
FÜR GOTTESDIENST UND GEMEINDE

Hans Bauernfeind/Richard Geier (Hg.)
Leben braucht Segen
Segensfeiern
Für alle, die segnen und gesegnet werden wollen
13,9 x 21,4 cm, 272 Seiten, gebunden · ISBN 3-451-27716-6
Der Wunsch nach Segen kann für die Kirche ein neuer Weg sein, selbst mit ungetauften und »kirchenfernen« Menschen in Berührung zu kommen. Die 20 Segensfeiern dieses Buches sind Ausdruck dieser Suche nach solchen neuen Wegen und aus kritischer Reflexion erwachsen. Sie sagen den Menschen in ganz verschiedenen Lebenssituationen Gottes Wohlwollen zu. Zugleich sind sie eine Chance, mit der menschenfreundlichen Kirche (wieder) in Berührung zu kommen.

Albert Dexelmann
Teilt den großen Segen
Gebete und Segensworte für Gottesdienst und Gemeinde
13,9 x 21,4 cm, 160 Seiten, gebunden · ISBN 3-451-28583-5
Albert Dexelmann hat Gebete und Segensworte für alle Anlässe der Seelsorge zusammengestellt. Mit deren Hilfe erhalten die verschiedenen Begegnungen im Gemeindeleben eine persönlichere und spirituellere Note. Mit ausführlichem Register.

Getauft – und dann?
Gottesdienste mit Kindern und Jugendlichen auf ihrem Glaubensweg
Werkbuch
Hrsg. von den Liturgischen Instituten Luzern, Salzburg, Trier
13,9 x 21,4 cm, 264 Seiten, gebunden mit Lesebändchen · ISBN 3-451-27780-8
Gottesdienste, die Kinder und Jugendliche auf ihrem Lebens- und Glaubensweg auch abseits der großen Feste Erstkommunion und Firmung begleiten. Eine wichtige Hilfe für alle, denen es am Herzen liegt, dass junge Christen sich in ihren Gemeinden wahrgenommen, angesprochen und eingeladen wissen.

Diana Güntner
Segensfeiern mit Kindern
Vorschläge für Kindergarten und Gemeinde
13,9 x 21,4 cm, 192 Seiten, Paperback · ISBN 3-451-28588-6
Segensworte, Segensgebete und Segensfeiern mit Kindern. Ein sympathisches, inspirierendes Buch, das all jene schätzen werden, die Kinder unter den besonderen Schutz Gottes stellen möchten.

Heriburg Laarmann
Das große Buch der Familiengottesdienste
Symbole und Märchen erzählen von Gott – Mit CD-ROM
17,0 x 24,0 cm, 224 Seiten, gebunden · ISBN 3-451-28474-X
Die große Ideenkiste: Familiengottesdienste, die die Frohe Botschaft mit allen Sinnen erschließen. Alle beispiele sind vollständig ausgeführt und dem Kirchenjahr sowie besonderen Anlässen im Leben der Gemeinde zugeordnet.

Frank Reintgen
Das große Buch der Jugendgottesdienste
Mit CD-ROM
17,0 x 24,0 cm, 224 Seiten, gebunden · ISBN 3-451-28586-X
Ausformulierte und praxiserprobte Gottesdienstentwürfe, die nach dem Kirchenjahr bzw. nach Themen geordnet sind. Durch die mitgelieferte CD-ROM können diese unkompliziert an die jeweiligen Bedürfnisse vor Ort angepasst werden. Mit Stichwort- und Schriftstellenverzeichnis sowie einer Übersicht über die verwendeten Gottesdienstformen.

Aurelia Spendel (Hg.)
Mit Frauen der Bibel den Glauben feiern
Modelle für Frauengottesdienste
13,9 x 21,4 cm, 144 Seiten, Paperback . ISBN 3-451-27717-4
In jedem Gottesdienst wird eine Frau der Bibel als Leitgestalt vorgestellt und ein Thema aufgerufen, für das sie exemplarisch steht. Das Buch inspiriert dazu, die eigene Glaubensbiografie als Frau wahrzunehmen und in der feiernden Gemeinde vor Gott zur Sprache zu bringen.

Esther Kaufmann / Meinulf Blechschmidt
Mit Maria auf dem Weg des Glaubens
Meditationen, Andachten und Gebete
Mit CD-ROM

13,9 x 21,4 cm, 192 Seiten, gebunden · ISBN 3-451-28364-6
Dieses in der Praxis gewachsene Buch bietet neben eindrücklichen Marien- und Bußandachten sowie Gebeten viele Ansätze, die Gottesmutter neu in den Blick zu nehmen: durch Meditationen für kleine Gruppen, in vielseitig einsetzbaren Betrachtungen zum Thema »Mit Maria auf dem Weg«, oder in textlich angereicherten und leichter zugänglichen Rosenkranzandachten und anregenden Liedern.

Judith Sixel (Hg.)
Zwischen den Zeilen: Gott
Ausgewählte Gedichte für Seelsorge und Gottesdienst

13,9 x 21,4 cm, 192 Seiten, gebunden, mit Lesebändchen · ISBN 3-451-28211-9
Wo ein Gebet schwer fällt, bietet ein Gedicht willkommenen Spielraum, Menschen ungewohnt anzusprechen oder neugierig zu machen. Die Texte sind thematisch in Kapiteln zusammengefasst und lassen sich leicht auffinden. Das ausführliche Register erlaubt den gezielten Zugriff auf bekannte und weniger bekannte Gedichte.

Deutsches Liturgisches Institut/Gottesdienstinstitut (Hg.)
Ökumenische Gottesdienste
Anlässe, Modelle und Hinweise für die Praxis

13,9 x 21,4 cm, 160 Seiten, gebunden · ISBN 3-451-28213-5
In diesem Buch werden zu den unterschiedlichsten Anlässen im Kirchenjahr und im Gemeindeleben Modelle verschiedener Gottesdienstformen vorgestellt, die ganz offiziell ökumenisch gefeiert werden können. Alle Gottesdienste sind klar strukturiert und werden von begleitenden Kommentaren der herausgebenden Institute eingeleitet.

Hanna Pabst
Weil Du uns trägst
Fürbitten

13,9 x 21,4 cm, 224 Seiten, gebunden · ISBN 3-451-27718-2
Fürbitten, die auf das Leben mit all seinen Höhen und Tiefen eingehen. Mit Stichwortverzeichnis und einem Verzeichnis für die Zuordnung zu Evangeliumsstellen und Lesungstexten.

Karl Schlemmer
Gemeinde am Sonntag
Gottesdienste ohne Priester
216 Modelle und Anregungen für die drei Lesejahre
Sonderausgabe mit CD-Rom

Drei Bände, insgesamt 216 Seiten, Paperback in Schmuckschuber · ISBN 3-451-28241-0
Eine zuverlässige Unterstützung bietet diese umfassende und erprobte Hilfe für die Feier von lebendigen Sonntagsgottesdiensten ohne Priester. 216 vollständig ausgearbeitete Modelle für sämtliche Zeiten des Kirchenjahres und alle Lesejahre. Mit einführenden Abschnitten, Bußakt, Fürbitten, Meditationstexten, Gebeten und Liedvorschlägen. Jedem Band ist eine CD-ROM beigefügt.

Karl Wagner (Hg.)
Die Feier der Beerdigung
Werkbuch

13,9 x 21,4 cm, 232 Seiten, gebunden mit Lesebändchen · ISBN 3-451-27451-5
Neue Beerdigungstexte, die vor allem den Gegebenheiten in den Großstädten Rechnung tragen und auch auf schwierige Situationen eingehen. Mit Beerdigungsriten für Eltern, die ihr Kind verloren haben, für Hinterbliebene von Selbstmördern, für Verstorbene ohne religiöses Bekenntnis u.a.m.
In einem ergänzenden zweiten Teil kommen Praxisfragen heutiger Trauerpastoral zur Sprache.

In jeder Buchhandlung!

HERDER